厦门文学艺术人物系列专辑

厦门文学艺术界联合会 编

郑锦扬

音乐史学家、艺术教育家

中国文史出版社

图书在版编目（ＣＩＰ）数据

音乐史学家、艺术教育家郑锦扬 / 厦门市文学艺术
界联合会编. -- 北京 ： 中国文史出版社，2024. 10.
（厦门文学艺术人物系列专辑）. -- ISBN 978-7-5205
-4863-2

Ⅰ. K825.76
中国国家版本馆CIP数据核字第2024X17S20号

责任编辑：刘华夏
小传撰稿：周宇婷

出版发行：**中国文史出版社**
社　　址：北京市海淀区西八里庄路69号院　　邮编：100142
电　　话：010－81136606　81136602　81136603　81136605（发行部）
传　　真：010－81136655
印　　装：厦门中天华成文化传媒有限公司
经　　销：全国新华书店
开　　本：185×260　1/16
印　　张：9.75
字　　数：140 千字
版　　次：2025年1月北京第1版
印　　次：2025年1月第1次印刷
定　　价：90.00元

总序

素有"海上花园"之称的厦门四季如春，人文荟萃。

中华人民共和国成立以来，尤其是建设经济特区以来，厦门市委、市政府一手抓经济建设，一手抓文化建设，全市文艺事业生机勃勃、硕果累累，文学、戏剧、电影、电视、音乐、舞蹈、美术、摄影、书法、曲艺及民间文艺等领域，呈现繁花似锦、姹紫嫣红的生动局面，涌现出许多优秀作家、艺术家。这些文艺界代表人物对厦门的文艺事业做出过积极贡献，产生过积极影响，为厦门文化建设注入了丰富的内涵，是不可多得的文化资源和精神财富。

为了进一步贯彻落实党的文艺方针政策，传承与发展厦门市文艺事业，推动厦门文化大发展大繁荣，厦门市文联决定编辑出版《厦门文学艺术人物系列专辑》，以音像和图文记录的方式，生动再现厦门文艺界代表人物的亮丽风采，总结他们毕生从事文艺创作的宝贵经验。

我们希望，这套系列专辑的出版发行，能让更多的人近距离、多视角地了解厦门文艺事业的发展，更亲切地感受厦门文艺界人物的无私奉献和辛勤努力。

我们相信，先人匠心独运的艺术创造将成为后人的精神资源，前辈攀登的高峰将成为后辈接力前行的起点。

江山代有才人出，我们正经历着一个伟大的时代，而伟大的时代又必然催生伟大的文学艺术作品和优秀的作家、艺术家。一切有理想有抱负的文艺工作者，都要担起时代赋予的神圣使命，更加自觉、更加主动地追求德艺双馨，更好地履行"人类灵魂工程师"的神圣职责，积极投身于高质量的厦门建设，努力创作出无愧于我们这个朝气蓬勃时代的精品力作。

《厦门文学艺术人物系列专辑》编委会

目录

第三辑 社会评价

一、关于高等教育、艺术教育的评论

二、关于史论著述的评论

第四辑　附录

第一辑　小传

　　郑锦扬，1955年生于福建省泉州市永春县。毕业于福建师范大学，博士、教授、博士生导师，历任福建师范大学音乐系主任、华侨大学音乐舞蹈学院首任院长和艺术学研究所首任所长等职；曾兼任福建省音乐家协会副主席、福建省音乐史学会副会长等职。多年来致力于中国音乐史、舞蹈音乐、艺术史与艺术产业、音乐学科学方面的研究。出版个人专著、合著几十种，发表论文百余篇，论著获得多种奖励。

第一章　桃源岁月

　　中国的读书人自唐代以来，命运中注定都会读到陶渊明的《桃花源记》，把桃源当成一个洞天福地，当成自己永恒的精神归属。那里有桃花夹岸，芳草鲜美。而本书的主人公郑锦扬，1955年，正出生于这样一个风光秀丽的闽南山城——永春古城桃源镇。"桃源镇是千年老县永春在清代的州府所在地。"宽阔的桃溪从镇前缓缓流过，翠竹夹溪，白鹤成群，岸边桃林逶迤漫山，古城故有古往今来的"桃源""桃城"之名。

▲ 郑锦扬（左2）同胞5人与姐夫合奏

▲ 歌舞诗剧《乡愁》在泉州艺校剧场演出后，郑锦扬与乡贤、著名诗人余光中合影

　　这里是著名诗人余光中、书画家余承尧、音乐名人周杰伦的祖籍地；蜚声海内外的南方武术——白鹤拳、咏春拳发源于州城西的大羽村；郑锦扬家学渊源深厚，曾祖父是晚清太学士、永春州同……郑锦扬出生在桃源镇上一个双亲终身从教、全家人热爱音乐的教师之家。

　　在永春县城，郑锦扬度过了幼儿园、小学、中学的学习生活。历年来都是优秀学生干部、"三好学生"，初中时就担任家乡永春县城关中学民兵排第9排排长（那时，闽南是海防前线，中学生参照民

▲ 郑锦扬18岁从永春城关中学（现永春侨中）高中毕业

兵组织，排长即班级的班长）。中学毕业后，他响应党的号召，于1973年上山下乡到永春县玉斗公社，不久就到公社中心小学任民办教员。这是郑锦扬高中毕业后的第一份工作，也是其一生从教的起点。

当时小学音乐教师奇缺，郑锦扬到玉斗小学后，除了包一年级1个班的所有课程，还要上全校6个年级所有班级的音乐课。因此，全校学生都亲切地叫他郑老师。

由于他小学的音乐课教学和校文艺宣传队工作等都做得比较好，1975年，公社革命委员会将其借调到公社文化站，担任管理员。其间，郑锦扬对这个农村文化站从无到有地建设、对业余演出队伍多地多方组织（小学、中学、大队）、开展以会演为抓手的文艺系列活动等，使文化站工作有了明显改观，很快成为全县小有名气的公社文化站。

回顾过往，郑锦扬说："知青四年，是我人生的重要基础：农民身份、民办教师、学校总务、文化站工作者，比常年在生产小队干农活，拥有更丰富的多种底层体验；使我养成了勤劳的习惯、实干的精神。这些，都是最宝贵的精神财富和生命体验。"

第二章　榕城风华

▲ 与范迪安（中央文史馆馆员、中国美协主席、国家艺教委副主任、中国文艺评论家学会副会长）在母校合影

　　今天我们回顾历史，普遍将1977年视为一个新的起点。这一年是中美建交的前夜；这一年3月的全国科学大会上，邓小平指出"知识分子是工人阶级的一部分"；郭沫若发表了著名的讲话——《科学的春天》……除了这些被历史学家铭记的大事之外，这一年还有若干容易被历史学家忽视的事件正在悄然进行着。这些表面看起来虽似末端小节，却是日后掀起波澜的重要机缘。

　　从这一年开始，停止正常招生10年的大学开始酝酿恢复教学，无数人中断多年的梦想被再次点燃。若干年后，人们再三回顾其中的佼佼者，在历史的拐弯处演绎的精彩人生。他们那一代人，是"一生而立两世"的一代。虽在一片精神废墟上成长，但对知识、对创作的渴望，是那样的迫不及待。而郑锦扬，也是其中一员。

1977年3月，带着对省城、大学和未来的憧憬，怀揣乡亲、家人的寄望，郑锦扬告别生活了22年的故乡，来到了闽江岸边的百年老校——福建师范大学。大学期间，他选修了小提琴，主修则是作曲。拉琴与作曲，是每天最重要的事。班上演出的大中型歌舞、表演作品（包括词、曲），大多出自他手；他还担任福建师范大学艺术系学生会副主席，分管学生会的学习、宣传等。那时，大学没有配备各年级辅导员，他和系分团委负责人范迪安同学密切协作，把学生事务做得有声有色。课程学习之余，他努力工作，深入细致、真诚朴素。1981年大学学业结束时，他是全班同学中唯一的留校任教者。

毕业时，作曲主课老师郭祖荣给郑锦扬的毕业赠言是"创作使人青春常在"。他珍藏数十年，视为珍宝，奉为圭臬。他由衷地佩服老师潜心创作的精神和才能（郭祖荣先生一生写作交响曲30多部，交响音乐作品百余部）。这也是郑锦扬一生为人处世的底色：踔厉奋发，且将工作——包括教学、研究、写作、谱曲等在内，都视为一种艺术创作，无中生有、创意无穷。当时年轻儒雅的郑老师，自我介绍时常说自己是"山人""个人成分：农民"，这样的自我定义，谦逊到了极处，也自负到了极处。说明他内里是敢想敢做、雄心勃勃的山人。渴望成为思虑颇全的智者，追求创造出伟大的作品和不朽的事业。

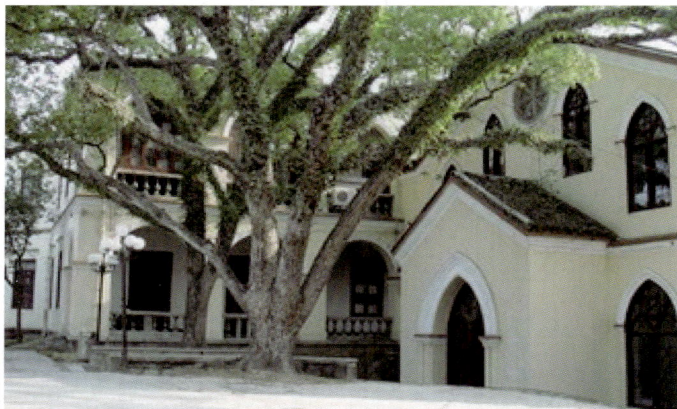

▲ 福建师范大学艺术系、音乐系以这个福州市仓山区最大的西式古建筑群（原陶淑女中旧址）为主要办学场地

教学：注重挖掘学术研究潜能

　　执教福建师范大学是郑锦扬担任大学教师的开始，他在这所百年老校里学习、生活、任教；培养音乐、舞蹈、教育、艺术学等专业的人才长达32年。"大学老师"这个职业此后伴随了他的一生，以"老师"称呼郑锦扬，具有超越博导、教授、院长这些职务、职称之外更高意义上的尊重。在此期间，郑锦扬相继主讲了大专、本科、硕士、博士多个教育层次的课程。这些课程涉及音乐、舞蹈、艺术、教育等多个学科、多个专业的相关课程，多达26门。

　　1981年秋季起，郑锦扬开始为福建师大文理工各系科专业的大学生讲授《乐理与音乐欣赏课》。同时他还担任过自底层而起的多个艺术教育、管理职务，做过多项管理工作。1987—1994年，他相继三次破格晋升为讲师、副教授、教授，1994年起，先后担任福建师范大学艺术学院副院长，福建师范大学音乐系书记、主任等职务。

　　他刚上任就制定了本届音乐系领导班子任期目标，时任校长陈一琴看了很高兴，要他"再改改，我发给各系看看"。他兴奋得夜不能寐、反复修改，最后拿出了有50条措施的《福建师范大学音乐系改革与发展"九五"规划》，并明确提出"远期目标：经过15年左右的努力，在21世纪初，使福建师范大学音乐系成为中国大学第一流的音乐系，并有较大的国际影响"。文件下发后，邻居（大系的系主任）对他笑言："你是福建师大最年轻的系主任，也是最狂妄的系主任。"那时，教育部直属重点师范大学有6所，加上实力很强的南京师范大学，地方高师院校15年内要进入全国高师院校的7名之内，是很不容易的；至于进入全国高校前列，绝大多数地方高师院校的学科是不敢想的。所以，说其狂，倒是实话；新中国成立后，高教部有被称为高教大法的"高教60条"，郑锦扬对一个学院的规划竟然写了50条，也是朋友笑话他的要点。他回应道，上级给了机会，也不知道能做几届，先拼命做了再说。而且目标大了有奔头，全面实

▲ 郑锦扬在福建师范大学音乐系办公楼2楼的系主任（1990—2003）办公室里

施较可能。明明白白好做事，基础差更需赶超。这种思考顾及多方，施策较多办法的规划，应该与他集多种职务于一身，必须考虑各方面事情有关。或许因此，那些年的福建师大音乐系，年年新花样，季季有发展，系所规模扩张很快，办学影响等也比较好。

在实施策略上，他首先针对原有全日制音乐专科学生数居多的情况，调整为适应社会需求、多方扩大本科教育的新局面。即增加全日制本科音乐专业招生数和函授本、专科音乐专业规模，增加自考形式的音乐本科专业。同时，努力扩大硕士生规模，增加艺术类硕士教育的新点，如一级学科艺术学专业硕士点、教育（学科教学、音乐）硕士专业点等。努力在专业点、学生人数的增加和层次的提高上都有大发展，以适应改革开放后，福建省中小学音乐教师缺额很大的局面。音乐系从50多人迅速发展为130多个编制、103人在岗（其中，正副教授50余人，新增正高级教师12人），成为全国高校音乐专业规模较大的系之一。

郑锦扬认为，音乐首先应与舞蹈有很好的结合，古代乐教就是诗、歌、舞、乐融为一体的。这种传统值得学习与继承。1996年，他主持申报并获批准，由此，福建师大拥有了舞蹈学专业。这是我国综合性大学与高师院校第一个舞蹈本科专业。作为系主任，郑锦扬亲自担任舞蹈学科带头人，他执教了《中国舞蹈史》《舞蹈音乐》《艺术概论》等专业必修课，为之付出了许多心血。后来，以此为基础又申报、获批了舞蹈学硕士/博士点。短短十余年，福建师大舞蹈专业从一张白纸，发展到傲立南北的专业高度，堪称神来之笔。

经查阅，国家教育部官网公布的2017年第四轮全国高校学科评估结果（2022年第五轮评估结果已禁止公开发布，故第四轮为距今最近、最权威的数据），福建师大音乐与舞蹈学被评为A-档，排名全国第六，师范类院校排名全国第一。2002年学科排名全国第四。

潜心从事教育事业的人，对于人才培养、教育方式、课程设置，都因为思想观念的差异而有明显的取舍；但是作为教育者，大家都希望培养出自己心中理想的人才，这不仅仅是知识的教学与掌握，还涉及学生身心与智能的全面发展、学问学科之间的融会贯通等。对于艺术类专业学生，则不仅要有一门较为擅长的技艺，还要有与之相关的艺术与人文教育，最好要形成博雅与专精相融、学识与人品俱佳的结果。

据此，郑锦扬积极拓展与音乐紧密相关的舞蹈、播音与主持艺术、戏曲表演等艺术门类的专业。努力建设成为以音乐学科专业为主，与相关艺术学科专业紧密结合，比原来单一音乐学科更宽广、活跃的新办学格局。经过多年努力，福建师大音乐系形成了以本科教育为主，研究生以及专科为辅的多学历层次教育体系（后来不再办专科）；音乐学科为主，舞蹈、播音与主持艺术、戏剧表演为辅的多学科专业并举的新局面。为福建师大音乐系持续发展以本科教育为主、研究生教育大发展的新阶段奠定了坚实的基础。这是福建师大音乐系发展的重要阶段，即去专科，大本科，发展研究生教育的阶段。开创性地持续发展与音乐紧密相关的舞蹈、艺术学、表演、教育学科专业，使福建师大音乐系形成了规模大、专业多、层次高的新格局。在办学理念方面，突破之前只有单一音乐学科、专科生占多数、硕士生个位数的现状，使福建师大音乐系快速向多个艺术学科专业发展。

郑锦扬这种音乐、艺术教育创新发展实践以音乐为主、相联系地发展的综合思维，使有限的教育资源基础上的办学有了聚合性的效果，在全国高等师范院校音乐、艺术系科中影响很大。这种思维与实践、发展与结果，不管是从历史还是未来的眼光看，都是令人瞩目，使人振奋，也值得研究的；其意义不仅在于福建师大音乐、艺术系科的发展本身。有学者认为，对福建师大音乐系科十年（1993—2003）由名不见经传的小系，跃入全国高师院校与综合性大学音乐系科第一流行列的"现象"，应从当代音乐教育发展予以研究，在理论与实践方面都有重要意义。的确，一个人的过去决定着他的未来，一所学校的历史也同样是它的未来。没有郑锦扬那一辈的先行者无中生有、白手起家，福建师大的音乐舞蹈系就不会是今天这个样子。历史不仅是关于过去的事件，还是关于现实与未来的预言。

与此同时，郑锦扬还十分注重与兄弟单位的合作：与教育学院、协和学院等兄弟学院合作办学，共同拓展新领域；邀请本校中文系、历史系教授参与研究生教学等。以适应改革开放后福建省音乐、艺术教育的发展与全社会学习音乐、艺术的热情，密切加强与省教育厅、

▲ 郑锦扬应邀参加福建师范大学附中的学生音乐活动

▲ 带领研究生考察福鼎一中

▲ 郑锦扬参加教育部为了基础教育艺术课程改革而组织的赴美国加拿大艺术教育培训团，在纽约和多个种族的小学生在一起

第一流中学及省歌舞团等方面的联系。还主持了艺术服务社会，与福州路桥公司等进行的企业文化建设等工作。这些努力，大大丰富和完善了福建师大音乐系的教育体系，既增强了系科实力，又更好地服务了社会。他主动担任面向各专业的公共艺术课教学工作，向当时的校长曾民勇教授提出：将音乐系作为学校主、辅修专业的试点（学生既要学好入学时就确定的专业，又可学习入学后自己选择的辅助性的第二个专业），并且亲自制订辅修专业计划。主、辅修专业的创设与开展，使不少学生在校期间获得了两个专业的知识和能力，综合素质得到了拓展与加强。对他们离开学校的就业乃至一生，都产生了重大的良性影响。这种主、辅修专业的施行，也使音乐系师生密切了和文理各学科专业的联系，在教与学、在交往中拓宽了知识面与学术视野。

郑锦扬在多学科专业与研究生教育发展的同时，非常注意教师的学术发展。他发起成立了福建师范大学音乐研究所，并担任首任所长，努力推动教师的学术工作；注意用请进来、走出去的多种方法推进学术建设、扩大师生的学术与艺术视野。在他担任音乐系主任期间，由音乐系提出，学校聘请了赵沨、王次炤、袁静芳等名家为客座、兼职教授。邀请著名作曲家、中国音协主席傅庚辰，中国音协副主席、中国歌剧院院长王世光，中央音乐学院院长于润洋，中国艺术研究院音乐研究所所长乔建中等著名学者，著名歌唱家邹文琴、丁毅等众多艺术名家来校讲学；聘请白俄罗斯钢琴家、明斯克国立音乐学院列昂尼特·彼得洛维奇教授等来校讲学。在青年教师培养方面，派出20多位青年教师到国内名校、国外专业院校进修、学习，提高教师的业务水平、增强学术修为。

有一次在中央音乐学院，友人问郑锦扬："福建师大地处东南，远离中央，基础不强，为何音乐那么出名，发展那么快？"他笑答："我们年年好多人来中央音乐学院，注意向顶尖学校学习啊！"友人说："那也是，全国各地学校音乐界朋友来京，大多会到我们这里走走。"他接着说："我们是来看看你们想什么、做什么。而后，你们做什么，我们就不做什么。"友人听了大为惊讶："为何？"郑锦扬说："我们地处偏僻，不是京畿，基础不如你们；系统所属和任务也不相同，做一样的事情是不允许、不应该，也做不好的。福建师大的任务是培养好教师，尤其是为本省国民艺术教育服务；学术方面，我们主要是研究好高师音乐教育与国民音乐教育及二者关系；研究好八闽音乐和闽台音乐关系，研究好华侨、华人音乐（闽粤是中国最重要的华侨大省）以及福建和琉球音乐关系等。我们会有一些与中央音乐学院不同的领域或项目，而且争取做得更好。"这说明，作为高师音乐系党政一把手和学校音乐研究所所长，郑锦扬对单位的运行与发展有着清晰的认识与自信。认清自己、认识权威；守本分、不盲从，又好又快地做本单位的要事，尤其是又好又快地发展，是他的一贯主张和作为。

▲ 2002年获得博士学位

▲ 与中央歌剧院原院长、中国音协副主席王世光合影

　　由此，1994—2004年，郑锦扬被增列为福建师范大学音乐学专业硕士研究生导师、艺术学专业硕士研究生导师、教育专业（音乐）硕士研究生导师、舞蹈学专业硕士研究生导师、音乐学专业博士研究生导师。

　　郑锦扬在八闽舞蹈高等教育方面的投入与贡献，受到了福建省和全国高校舞蹈界的关注。郑锦扬多年用心血浇灌的舞蹈之花，终于傲然盛放、成果丰硕。我国老一辈舞蹈家、福建省舞蹈家协会副主席暨舞蹈教育委员会主任贾淑华感动地对他说："我们福建舞蹈界没做好的事你做成了系列，做成了事业，谢谢你！"郑锦扬也是我国音乐学博士生导师中，唯一在两所大学担任十几年舞蹈学科带头人的著名教授。他在福州家中阁楼为舞蹈系研究生上课的照片中的学生个个成才，被誉为福建省乃至中国南方大学高水平的"舞蹈天团"。

也正是从这个阶段开始，以中国音乐史为主，包括舞蹈音乐、艺术学、教育硕士（音乐学科教学）等学科、领域的研究生培养，是郑锦扬耗费心血最多的事业之一。他在福建师大一共指导了60余名研究生，大多是音乐学专业（中国音乐史学研究方向）。后来，这些研究生成长为我国几十所高校的中国音乐史教学骨干。

▲ 与福建省舞蹈家协会副主席贾淑华在福建省舞协第五届代表大会上合影

▲ 郑锦扬教授（后排左3）在福州仓山寓所给舞蹈方向硕士生上舞蹈音乐课（前排左1：闽南师范大学教授、博士生导师郑玉玲，前排左2：泉州师范学院讲师朱爱芳，后排右1：福建师范大学博士生导师王晓茹，后排左1：广西艺术学院教授杨志晓，后排左2：福建师范大学教授陈玉燕，后排左4：集美大学副教授范晓敏，后排右2：福建师范大学副教授叶娅丹）

对于研究生教学，郑锦扬很注重研究生全学程的总体设计，注意教学安排与研究工作的有机结合。他的研究生大多第一个学期就酝酿并初定毕业论文题目，这样研究生在学期间的研究方向就较早确立、研究相关的事情也能较早筹划。他注重从研究生已有的基础安排全程教学。他努力使研究生的选题贴切于不同学生的具体情况。这种以学生为主体的教学方式，与司马迁以纪传体为主来写《史记》有异曲同工之妙。因为对于大学而言，自身只是提供了一个舞台，铁打的学校，流水的学生，大多需要学生来适应环境，跟随老师的脚步和规范。而郑锦扬把它扭转了过来，在了解学生个人情况基础上结合学术现状进行选题，而且范围不一、大小不一，不搞一刀切；尤其注意适应学生不同的前期（硕士、学士）专业或专长，而不是按照老师的专长设定题目；适应学科现状、学术发展趋势、学生全学程发展，乃至长远发展的可能性，来选择研究方向。他为学生创造了一个以"人"为核心，各种资源与机会服务于"人"，召之即来、挥之即去的场域。这并不只是一种权宜的方法，而是一种大胆的观念。

▲ 在福建省文艺界春节联欢晚会上与管俊中（右2，福建省舞蹈家协会主席）、贾淑华（左2，福建省舞蹈家协会副主席）、吴玲红（右1，福建省歌舞团团长）合影

▲ 与福建省舞蹈家协会副主席暨厦门市舞蹈家协会主席、厦门艺校原校长曾若虹（左2）、福建省艺术研究院院长王评章（右1）、福建省舞蹈家协会理论委员会主任夏雄（左1）合影

▲ 在首届全国大学生舞蹈比赛（海口）期间举行的"舞蹈理论研讨会"上，郑锦扬提议：在全国中小学开设舞蹈必修课，获得白淑湘主席（右2）和与会者的一致赞同。后来郑锦扬将这个建议整理成文，白淑湘主席推荐在《舞蹈》杂志上发表

▲ 与27位研究生和中国艺术研究院音乐研究所所长乔建中等专家合影

　　郑锦扬认为这既有导师的主观因素，也有多种因素的相互作用。导师的因素在其中具有先导性与决定性，学生的因素也是很重要的，外因要通过内因起作用。学生努力不够或师生配合不好都不能实现预设的目标。此中，也反映了他当时对研究生培养的思想：既要使研究生在全程学习中

多读书、多得到学术工作的锻炼，提高对所论对象的研究能力，又要使他们的研究论文成为有价值的研究成果和今后延伸研究的基础，甚至助力其长远的学术发展。所以，考虑研究生选题时以创新开拓价值为主要因素：大多在研究领域的空白处选题、在已有领域的薄弱处选题、在有可能提出新见解处选题。其实，选择空白或薄弱之题、写出较大规模的论文，对学生研究水平的提高与今后的长远发展，是很有好处的。例如，1995年他招收的第一位研究生王静怡的硕士论文选题是：中国音乐海外传播的重点地区——东南亚，硕士论文的题目后来确定为《19世纪到20世纪中叶中国音乐在南洋四国的传播特点》。在提纲多次修改之后，王静怡以这个空白之题，写出了10余万字的硕士论文，受到了学术界的好评。此后，王静怡的博士论文在此领域选择，由硕士论文的"四国"，集中至"一国"：《马来西亚华人传统音乐的传承与变迁》。郑老师的研究生，无论硕士、博士论文，其规模都远超学校规定的字数。他培养的第一个博士李颖（2005级），其硕士学位论文是《明清唱乐记录的初步研究》，其博士论文是《明清音乐记录特征研究》，后者包容前者的领域，而且更加广泛与深入；其硕士论文成为博士论文的重要基础也是很明显的。值得一提的还有，其指导的硕士生王伽娜以30余万字的《元大都音乐的初步研究》获得"全国高校学生中国音乐史论文评选"一等奖。作为较早以一个古代城市音乐为研究对象的佳作，该文获得了音乐史学界和蒙古族音乐界的好评。

2006年，郑锦扬指导的学生王伽娜所著30余万字的硕士学位论文《元大都音乐的初步研究》、徐羽中所著15万字的硕士学位论文《20世纪上半叶中国唱片初探》[①]，包揽了第4届全国高校学生"中国音乐史论文评选"硕士组一等奖。这两篇论文的选题与研究角度、材料的充实与新见解获得了专家们的好评。这种地方院校一届学生包揽两项全国性论文评选一等奖的成绩，在全国音乐、艺术论文评选中非常罕见。

[①]　2007年，该文以《繁花无尽艳，尽赶花期未谢时——关于中国近现代唱片的整理与研究》为题，发表于《艺苑》。

　　在福建师范大学从教的26年中，郑锦扬在坚持主讲"中国音乐史"以及"民族民间音乐"的同时，不仅长期担任系所党政管理工作，还陆续开设、主讲了很多专业、层次的课程，其中的艰辛非同寻常。此外，他还开设多门公共艺术课程和音乐讲座，听过其讲课的学生广泛涉及文理工医各类专业和大中小学、社会各界人士。为了开设与讲好这些学科专业不同、教育层次不同、听课对象不同、教学目标不同的艺术课程，郑锦扬几乎每年都在找材料、搞开课计划，平均每年开出一门课。人们见到他的状态总是忙碌、总是谈书、总是谈课程。买书读书、备课讲课，倾注了他从青年到壮年、迈向老年的诸多心血。友人戏称他是开课爱好者。这也体现了郑锦扬在教学领域长期不懈的开拓进取、献身艺术教学的不懈激情，为了学生和单位更好而忘我工作、面向专业与业余的社会服务视野，以及不计名利、尽身为教的教师情怀。他主讲的这些课程尤其是新开设的课程，对所在学校相关专业的课程建设、专业完善，对学校的人才培养都起了促进作用。有的课程（如研究生课程：中国音乐史学史等，本科生课程：舞蹈音乐等）则是我国高校首设的新课，在本科生、研究生课程体系与相关的学科发展方面有重要的创新价值。或许因为多开课，促使他多读书、多关注音乐和舞蹈、艺术以及相关的学科领域信息，他的思考所及更加宽阔、更加活络，所知所识更加丰富并常有新的见解。

▲ 福建师大音乐学院首次研究生毕业典礼，为学生陈俊玲（郑锦扬"音乐学—中国音乐史学及其教育"方向研究生，也是全国大学生中国音乐史论文评选二等奖获得者，现任闽江学院蔡继琨音乐学院院长）拨穗

▲ 郑锦扬为第一位研究生王静怡（现任青岛大学教授、博士生导师、音乐学院院长、文学博士、山东省音乐家协会副主席）上课

学术：打出一片新天地

在学术领域，艺术学科也是一个宏大的存在。对这个学科的老师而言，教学、研究、创作，三者能专精一项已属不易。而郑锦扬，则怀抱着极大的兴趣和热忱，在这三个方向数十年勤耕不辍，成果丰硕。

1981年，年仅26岁的郑锦扬参加福建省首届美学会议，即发表万字论文《论音乐的本质与音乐形象》，这也是他参加的第一个省级学术会议。或许与这个开头有关，他虽然一生从事以音乐为主的艺术教育、音乐史学研究，却满怀热情关注基础理论，特别是音乐理论、美学与艺术理论、文史哲以及与音乐相关的自然科学等有关学科的理论。

不久后，他与同龄同届、同是福建师大艺术系主要学生干部、同时留校任教的范迪安同学（后任中央文史馆员、中国美术家协会主席、中央美术学院院长）合著了第一本著作《艺术·情趣·欣赏》，并于1987年5月由福建人民出版社公开出版。作为向青少年推荐的艺术与美学启蒙读物，该书曾数次再版，先后获得了闽版优秀图书奖、福建省社会科学优秀成果奖。这本两人的处女作也成为一种契机，使郑锦扬后来在长期从事音乐学以及舞蹈史论的教学与研究工作中，与美术、艺术理论、艺术学科发生较多联系，结缘长久，影响其一生。

对音乐专门史尤其是中国音乐史学史的研究与开拓，是他从1985年至今近40年着力最多、历时最久的学术研究领域。对这一新兴交叉学科的发展做出了许多创新性的工作与贡献。

1985年，郑锦扬编撰印出了自己的第一本书——《中国音乐史学习参考资料》，这本实用性的书在中国音乐史课程教学中颇受欢迎，发挥了很好的作用。次年3月，他收到了一封来自北京的素不相识者的信，打开一看，原来是中央音乐学院徐士家老师（原中央音乐学院党委书记、教务处处长）所写："郑锦扬同志：你好！当你接到此封信可能觉得很奇怪，是的，我们还不认识。我在汪毓和老师那里见到你编的《中国音乐史学习参考资料》时还在去年11月份，那时我就想给你写信。这学期上课了，就想起了你编的那本参考书。我从汪老师那里借来看了看，觉得你做了一项很有意义的工作，很实用，对我们的教学工作很有参考价值。"此信和后来其他专家对该书的评价使他大受鼓舞。

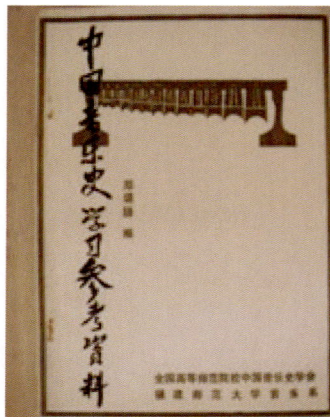

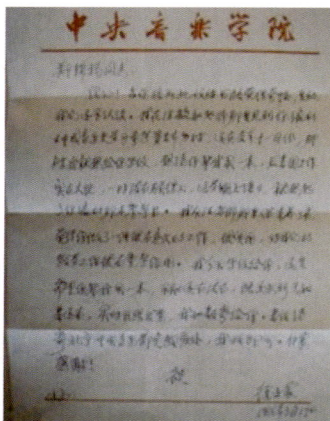

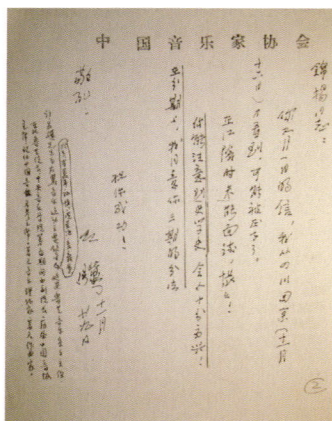

▲ 上左：范迪安、郑锦扬合著的《艺术·情趣·欣赏》
上右：郑锦扬编的第一本书《中国音乐史学习参考资料》
下左：原中央音乐学院党委书记徐士家教授为《中国音乐史学习参考资料》给郑锦扬教授的信
下右：原中国音协名誉主席吕骥来信，对郑锦扬注意到中国音乐史学史研究表示高兴，赞同三分法

1987年，他在江阴中国音乐史学大会上率先发表《中国音乐史学的三个阶段——中国音乐史学史初探》的长文。这是一篇贯穿古今、明确提出"中国音乐史学发展阶段"这一重要见解的中国音乐史学史论文。探索音乐各阶段发展的踪迹，远不止于音乐本身，郑锦扬在文中开宗明义："中国音乐的历史迄今已将近7000年。作为中国音乐的历史学问的学科——中国音乐史学也走过了自己漫长的道路，从无到有、从小到大、从简单到复杂、从幼稚到成熟。回顾中国音乐史学的发展过程，探寻中国音乐史学不同发展阶段的历史特征是音乐史研究不可或缺的一部分，也是中国音乐学建设所必需的。"

文章一发表，引起了音乐史学界、音乐学术界的关注。时任中国音乐家协会名誉主席吕骥，对这种开拓给予来信表示："你能注意到史学史，令人十分高兴！在分期上，我同意你三期的分法。祝你成功！"其关注与赞赏之情，溢于言表。其后数十年间，经过郑锦扬和同人多方努力，使"音乐史学史"逐渐发展成为音乐史学的分支学科。通过数十年的耕耘和跋涉，郑锦扬把自己的研究变成了长长的脚印。这些脚印不但有自己的，还有后学与同好的。

郑锦扬非常注重在中国音乐史教育中吸收学术成果，并在我国的中国音乐史学硕士、博士生培养中相继率先开设中国音乐史学史课，使中国音乐史学史教育进入音乐史学研究生教育的不同层次。2003年他被福建师范大学增列为音乐学学科博士生导师，指导学生张晓娟（现任福州大学副教授、硕士生导师）以中国音乐史学史博士论文（《中国弦乐史研究六十年》，约30万字）获得文学博士学位。

在此基础上，郑锦扬对中国音乐专门史中的另一个分支——中外音乐关系史也多有涉猎。首先是，中日音乐关系史：清代。他在这个领域的代表著作是学术专著《日本清乐研究》。这本书既是日本古代音乐的专题研究著作，也是音乐专门史——中日音乐关系史的研究成果。该书涉及日本古代音乐史和清代中日音乐关系史、东北亚音乐关系史，受到了音乐史论界诸多名家的重视与好评。如中国民间文艺家协会副主席、上海音乐学院院长、音乐学博士生导师江明惇教授就认为：

《日本清乐研究》对中国清代对日本音乐交流的历史，做了较全面的梳理，对有关的文献、曲目、曲谱、乐器等进行了分类，对清乐在日本的传播方式、地域等也作了综合性的研究与评述，是一部有关"清乐"的比较全面系统研究的著作，资料充实、论述清晰，有较高的学术价值和现实意义。这样的著作，不仅在中国是仅见的，就是在日本也属难得。

其次是，中西音乐关系史：清代。郑锦扬在以中国音乐史学为主的学术研究中，长期关注中外音乐关系史，尤其是明清时期的中外音乐关系。他在人民大学举办的"交流与互动：西方人与清代宫廷（1644—1911）"国际学术会议上发表《清代宫廷与西方音乐的关系》，在《西学与中国文化》中发表《西乐与清乐：西学与中国文化关系一个有机组成部分》（均2万余言），这两篇长文多涉及清代宫廷与西方音乐，也是从时代视野，对中西音乐关系予以系统论述的重要论文。

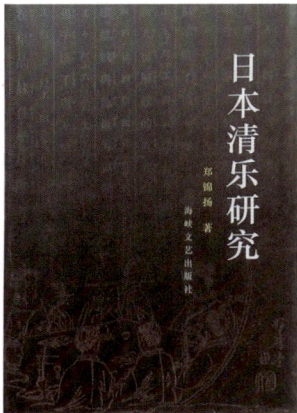

▲ 郑锦扬著《日本清乐研究》，是中国第一部研究日本清乐的专著

▲ 访问日本冲绳县立艺术大学，赠送本人著作

郑锦扬不仅自己研究，也着意指导学生研究并写作与中外音乐史相关的博士、硕士、学士学位论文，包括博士层次的3篇，硕士层次的13篇，学士层次的12篇。从其指导各个层次学生所进行的研究，可以发现中外音

乐关系史是其进行高等音乐教育、歌舞教育的一个重要领域。从20年前他指导的第一个研究生开始，直到最近，好几位研究生写的硕士学位论文都是中外音乐关系史领域之作，这些研究的领域，大多是我国的中外音乐研究薄弱之处。如中英音乐关系研究、中乐西传欧洲研究、中日古代音乐关系研究等领域。

他还参与了音乐史学与其他专业结合的研究与学生培养。2005年，人民大学古典文献学硕士生黄敏学选择清代音乐史学史作为研究领域，郑锦扬成为合作指导教师。黄敏学具有历史学本科与中文本科双专业基础，考上硕士以后他十分关注新兴的中国音乐史学史研究。他的硕士论文最后定为《古乐复兴之余波——汉宋之争与清代音乐史学思想之嬗变》，这篇论文后来在"第六届全国高校学生中国音乐史论文评选"中获奖。这也是我国非艺术门类研究生的学位论文，在全国大学生音乐论文评选中获奖的罕见例子。

由此可见，郑锦扬在音乐史领域的钻研和开拓，是很有学术意义的，也为学生极大地拓展了研究空间和视野。许多在某一方面有造诣的人，会一窝一窝地出现，一个时期如此，一个地方也是如此。有人认为这是偶然的现象，把它归结为时代的塑造，可遇而不可求；其实，在关键的节点，关键的时刻，师长的正确提点和引导，功用未可限量。不只是学生们在激情碰撞中灵感四溢，"教学相长"也是郑锦扬与学生们相遇的一场最深刻的体验。

1993年，郑锦扬出版了第一本个人论文集——近50万字的《音乐史学美学论稿（上、下）》，其中上册《中国音乐史学史论》是中国音乐史学史专著，受到音乐、艺术史学界的关注与好评，被收入多种专业参考书目。下册的内容是从四个不同角度对中国音乐意象论的深入研究、一种独具特色的音乐基础理论，即对音乐中的无声、"静"的现象的多方面思考与讨论。包括他相继在《中国音乐学》《人民音乐》发表的《论乐中之静》《无声——白居易一个重要的音乐范畴观》《中国音乐的静论》等专论。朋友戏称其学术是无中生有，绵绵不绝。的确，怎么可以在没有声

▲ 第九届中国音乐史学会期间，与戴嘉枋会长、研究生们在一起

音的地方研究音乐呢？其实我们稍一思索，便能理解：这不就是中国画中的"留白"与古诗中的"无声胜有声"吗？郑锦扬提出的"乐中之静"与"无声"并不是简单的空白，而是灵气往来、生命流动之处。恰如白居易的诗《听歌》中所道："诚知不及当年听，犹觉闻时胜不闻。"

悟出此中玄机之后，应该指出，郑锦扬在音乐、艺术研究中的灵动思维和专注具体问题的系列思考及创新开拓精神，是值得后学关注与学习的。

我们不难发现，上述这些研究成果，深深折射出郑锦扬鲜明的学术研究特性——他非常善于找到学术领域特别而又尖新的切入点，看古往今来相关的研究，然后加入自己的判断和猜测，这就像看一场长长的球赛，看着看着自己也下场了。再然后甚至自己另开场子，打出一片新天地，很有意思。到21世纪，他又领风气之先，提出了"太空音乐史"与"海洋音乐史"的概念。

歌乐创作：汲取古代乐艺制作的精华

作为一名高校教师，郑锦扬同时也是词曲作家，他不但要育人，自身也同样有着强烈的创作欲望和创新精神。他写过歌曲，也写过乐曲：小提琴曲、二胡曲、管弦乐队曲等。也写过供文艺演出的多种形式的舞台表演作品：表演唱、歌舞、小歌剧、三句半、对口词、朗诵诗等。他对音乐创作既有兴趣，也有思考和研究。1982年，他发表的第一篇期刊论文，就是器乐名曲研究的专论《试论二泉映月的曲式结构》[《福建师大学报（哲学社会科学版）》1982年第3期，《音乐舞蹈研究》1982年10月全文转载]。他创作的时间从高中到下乡、大学时代、留校工作都没有中断。

其中，歌曲音乐创作是相对于乐队音乐、器乐曲便捷的音乐体裁。所以，一有工作任务或社会要求，郑锦扬也会应急出手，词曲俱作，在艺术创作领域，他属于快手。也有作曲技术试验、歌曲词乐关系研究的艺术歌曲性质之作。如他为白居易的《长相思》作曲的独唱作品，就既是艺术性的女高音独唱歌曲，又是具有诗段、诗句与乐段、乐句长度相一致和不相一致、曲词长度互相交错的歌曲创作技术试验之作。

以白居易这首著名的乐府《长相思》作曲，试验乐段乐句与歌词段落、句式不一致的艺术结构在歌曲创作中的应用。这里包含着郑锦扬对高校现行的《歌曲作法》课教材欠缺这类内容等问题的思考。他认为，历经周汉唐宋元明的中国诗歌、词曲，形成了自己成熟而且丰富的为诗词配乐、谱曲的技艺。用今天的语言来说，就是有着与当时欧洲（那时还没有美国）相比较一点也不落后的"中国古代歌曲作法"。

而且中国古代的"歌"，并不是我们所理解的单纯的歌唱，更多时候是集诗、歌、舞、乐于一身的综合性艺术。一般的艺术，要么动用视觉，像绘画和雕塑；要么动用听觉，如听戏；要么动用符号表述，像故事和诗歌。而中国古代的歌乐，却把它们全都包罗了、综合了、交融了。这就是说，把人们的视觉系统、听觉系统、思维系统全都调动起来了，让人不再作为一个片段的人，而是作为一个完整的人进入审美。

郑锦扬认为，中国音乐及其历史研究者和中国的《歌曲作法》课教师，应该加紧研究中国古代歌曲创作技艺，努力总结、写出中国古代诗歌乐艺、词乐技艺、曲乐技艺有关的专著与教材，从中汲取对现时、对今人有益的古代乐艺制作智慧与精华。

这些工作既是完整真实地认识中国古乐和古乐制作技艺的需要，也是弘扬中国古代音乐艺术遗产的需要，还有着补充、完善现在高校《歌曲作法》课教学内容欠缺的实际需求。的确，从《诗经》的一唱三叹，直至汉唐宋元的诗词歌赋，中国的诗词曲乐充满着花草树木的香气和天籁之声，这种声音和香气散布久远，甚至从文字、乐谱和音韵当中，至今还能听得到、看得到、闻得到。后人应从中汲取养分，在音乐和舞蹈中注入诗魂与文脉。只用西方近400年的"四大件"（和声、复调、曲式、配器）来为汉唐宋元等古典诗词作乐是不够的。中国古代非常丰富的乐艺制作技艺，必须尽快加以研究整理，并使之条理清晰地进入当代音乐教学之中。这是音乐工作者的重要责任。

郑锦扬的歌曲大多自作词曲，他还为执教《歌曲作法》课，专门写歌词，以适应大学青年情感丰富和容易接受通俗歌曲创作的潮流。同时他认为，好的歌乐基础，必须是好的诗或词。只有这样，歌词才会有高的质量，才能写出与歌词相配的优秀旋律来。例如，这首为音乐专业学生的《歌曲作法》课考试而写的歌词《你的声音》，就是一首动人的汉语新诗。

你的声音

你的声音从天边飞来，飘入思念潮涌的心海，

每一句轻轻的细谈，都激荡着青春的胸怀。

你的声音从遥远的地方飞来，朴实的话语透出斑斓的光彩，

一切都聚集在无线的频道，有多少信任、友好和期待。

你的声音从雪原深处飞来，清纯透亮的气质晶莹洁白，

广袤无垠的山林旷野，一如你浩瀚深邃的胸怀。

当心与声交融，当海连着海，

天地间最美妙的是怎样的声音，怎样的情怀……

第三章　厦门创业

在厦门市集美区的华侨大学厦门校区内，有一座外形由立式钢琴形象变化而来、线条优美的艺术建筑格外引人注目。这就是坐落在临海望湖绝佳位置的华侨大学音乐舞蹈教学大楼，也是我国高校音乐舞蹈学院中建筑风格独特、生态环境美好、功能比较齐全、适应该校音乐舞蹈等艺术学科教学与长远发展的单体、高水平艺术大楼。

▲ 华侨大学音乐舞蹈学院大楼

2006年秋，郑锦扬应邀到泉州调研华侨大学艺术学科，在调档查阅时得知，当年在北京曾有华侨大学艺术系，暂借中等华侨补习学校办过一届"音乐""舞蹈"班。而"文化大革命"后国侨办批准在泉州增设的华侨大学艺术系，那时的唯一艺术专业是"设计艺术"。彼时，年过半百的郑锦扬有一个梦想：办一所更好地融合音乐、舞蹈、诗歌等艺术，继承古代艺术与教育优秀遗产，更加具有中国特色和国际影响的艺术学院。我国现行的艺术教育，在中小学设立音乐、美术课，至今已历百余年。中国现行的这种中小学艺术课的设置，是清末朝廷学习德国、日本建立的业已百余年的制度，把音乐、舞蹈分为不同的学科（诗歌则属于文学）。中、小学一般只开设音乐课，大学多开设音乐欣赏课，这种形式主义的艺术课程的设置，无非是于主课当中每周各添加美术和音乐1~2节，犹如中医的药方里添写"陈皮二张""甘草三分"，可得可失，无关紧要。

他认为，这是反对古代乐教（集诗、歌、舞、乐于一身的综合性艺术教育）思潮中建立起来的模式，一种文化、艺术最佳部位的碎片化，往往会导致教育模式整体的迷惘和萎缩。当下的学校音乐教育制度，在中国式现代化的未来是否仍然是最合适的呢？这是在学校工作一生的教师长期思考的重要问题。

建立在现有基础上有新的发展与学科更完善的学院，建设更符合国情而且更先进的中国艺术教育，这种办学理念始终伴随着郑锦扬的教育生涯，之前在福师大音乐系的成功，便是一个先例。因为这种理念，华侨大学音乐舞蹈学院从一开始成立，就有着自己的特色与追求，办学方向就有了主心骨：对上，追求教育理想；对下，找准努力的现实方向。

▲ 与音乐舞蹈学院师生合影

　　经过对华侨大学艺术学科发展、建设新学院乃至学院名称等一系列问题的思考论证，郑锦扬给时任华大校长、书记的吴承业写了一封长信，提出华侨大学艺术学科发展的重要建议：一是成立新的艺术类学院，该学院可命名为"音乐舞蹈学院"，并且对院名进行论证；二是既办"音乐学"本科专业，又办"舞蹈学"本科专业；三是将华侨大学音乐舞蹈学院放到位于厦门市集美区的华侨大学厦门园区（华大厦门校区）筹办与发展。他还特地提出，周恩来总理深度介入的音乐舞蹈史诗《东方红》，毛泽东、宋庆龄、于右任等签名、提议成立的延安鲁迅艺术学院，都是两类艺术（音乐舞蹈、艺术文学）并称。古代乐教也是诗、歌、舞、乐一体的，这种对古代乐教形式的挖掘和创新，并不是仿古，而是寻找千年来未颓的"古意"。"古意"本身，就包含着不可重复的个性，包含着不可分割、完整的艺术修养。例如，《东方红》凭着对古代艺术的继承与创新，就和历代大型乐舞一样（如周代的《大武》、唐代的《秦王破阵乐》），被载入时代的史册，成为永恒的经典。

▲ 与研究生合影

国际化办学特色

2006年年底，郑锦扬已年过半百之时，离家创业，独自一人到厦门，入住华侨大学厦门校区凤凰苑一号楼。开始在一张白纸上艰难地绘新图、建新院。采取边筹建、边招生面试、边招聘专业教师、边利用已有房子改装成艺术用房等多方并举的快速筹建方式，接连完成了华侨大学音乐学与舞蹈学的海外教育首届招生面试，实现了当年秋天入学。当时华大音乐舞蹈学院筹备组还没来得及成立。2007年7月，作为华侨大学特聘教授，郑锦扬被聘为华侨大学音乐舞蹈学院的首任院长，2010年兼任华侨大学艺术学研究所首任所长。

2007年，该学院首次招生就以音乐学（海外教育）、舞蹈学（海外教育）两个全国首设的艺术教育专业，新鲜亮相。福建省教育厅官网和教育部官网都刊发专文予以褒评。注重创新和传

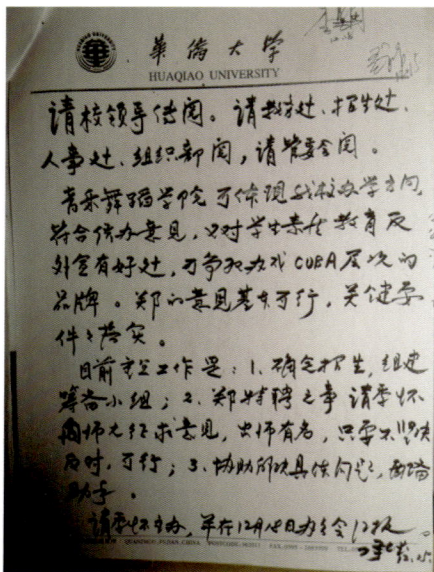

▲ 吴承业校长书记对郑锦扬建议筹建音乐舞蹈学院信件的批示：季怀主办

▲ 2008年6月带领刚成立不到一年的华侨大学音乐舞蹈学院演出队在曼谷皇家剧院演出

承、努力研究与传播中华文化，使年轻的华侨大学音乐舞蹈学院甫一成立就引人瞩目。总之，华侨大学音乐舞蹈学院既有观念，又有实践，经过多

年努力，从无到有创建的年轻学院，初步具有了自己的明显特色，一时颇有声势。

从一开始，华侨大学音乐舞蹈学院就坚持面向海外的国际化办学方针，即坚持在华侨大学"为侨服务，传播中华文化"的主要任务中开展艺术人才培养，进行学院初创发展与海外艺术教育专业建设，主要面向海外办学。大陆与港澳台学生、外国留学生同堂上课、同卷考试。2006年年底筹划、2007年秋首次招生的海外艺术教育专业，就是以特色专业铸就学院特色的实际措施。尤其多年以来关注东南亚的工作，不仅具有开拓性，也对学生成长产生了重要作用。音乐学（海外教育）、舞蹈学（海外教育）两个专业都是全国首设的海外艺术教育专业。它们一出现，就产生了全国性的影响。福建省教育厅官网和教育部官网刊文介绍，《人民音乐》撰文褒评等说明，华大音乐舞蹈学院是我国第一所"以培养海外艺术教育人才"为主要特色的学院，引起了教育主管部门和音乐界的注意；也在探索我国艺术教育发展方面迈出了坚实的步伐。

郑锦扬在主持华侨大学音乐舞蹈学院工作中，很注意国际化视野的养成和系统建设，将面向海外传播中华文化落到实处。其中，让学生走出去，到国外尤其是东南亚，进行以华文学校为主要交流、工作的对象，是他花费很大精力的要事。鉴于马来西亚是世界上中国以外华文教育唯一未中断的国家，音乐舞蹈学院初建以来，他把马来西亚作为海外教育和文化交流的主要对象国家，予以充分关注。从第一届起就选择优秀应届毕业生到马来西亚实习。

新生的华侨大学音乐舞蹈学院，瞩目东南亚等近邻国家和欧美等发达国家的音乐教育情况，努力从音乐教育的国际视野来认识自己海外艺术教育专业的建设。邀请了白俄罗斯、乌克兰、意大利、日本、美国、马来西亚、泰国等十几个国家和港澳台地区的音乐家、教育家前来讲学、交流、表演，师生结合教学与学校、上级关于海外华侨华人、华校侨社等方面的有关工作，到访马来西亚、白俄罗斯、泰国、菲律宾、白俄罗斯，或实习，或演出，或调研，或作为志愿者支教等。这些境外活动，使师生得到了许多锻炼，增长了见识，提高了适应海外与国际环境开展音乐、艺术活动的能力。华侨大学音乐舞蹈学院成为我国较早有多批艺术专业毕业生通过国家汉办考核，出国担任教育志愿者的学院。

▲ 邀请意大利声乐教育家瓦列理欧·帕波利教授来华大讲学

▲ 再访马来西亚吉隆坡尊孔独立中学（左3：郑锦扬、左4：尊孔独立中学校长、左5：马多元文化交流会会长黄祥胜校长）

▲ 访问菲律宾宿务，与周清琦（菲律宾外交部副部长、驻华大使）、贾益民校长（右）合影

▲ 2011年4月26日，邀请瑞典皇家音乐学院院长（中）访问华大，陪同丘进校长（右2）会见

▲ 2010年，作为华侨大学代表团团长访问白俄罗斯文化大学，与斯维尔特洛夫校长签订合作意向书

▲ 2010年8月4日在北京参加世界音乐教育大会期间，与德国维尔茨堡音乐学院、奥地利国立萨尔茨堡莫扎特音乐学院教授在一起

诗歌乐舞融合

音乐类专业与舞蹈类专业，以及与诗歌艺术的融合，是郑锦扬殚精竭虑、勉力而为的事情。他要求音乐类专业学生学习2～3年舞蹈课，舞蹈专业学习2～3门音乐课，并担任舞蹈学科带头人多年，亲自执笔编制舞蹈专业四年全程教学计划，建设舞蹈专业教师队伍，执教《中国舞蹈史》课、《舞蹈音乐概论》课，并主编《舞蹈音乐概论》作为教材。

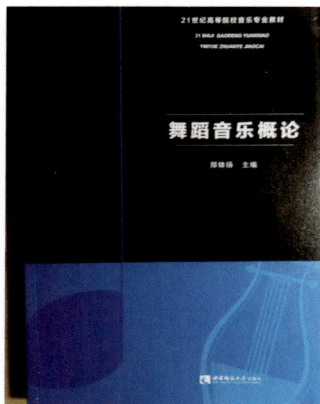

▲ 主编我国第一本《舞蹈音乐概论》

2013年起，郑锦扬从其执教的多门音乐学与艺术硕士多门课程中，结合作业进行以诗歌写作为主的诗词教育。使诗教在不同教育层次的多所高校中得到了丰富的实践。在本科生、研究生艺术史论课中结合进行诗词教育，在全国高校是罕有的新事物，其中的艰难可想而知。其克难而为，先读先写，认真备课，注重实效，终于取得了重要的进展。这种结合专业课内容的诗词艺术讲授、辅导作业的形式，从华侨大学拓展到校外的多所不同性质的高校（985高校厦大、民办高校厦门工学院），得到成功的开展。这是其高校诗教的第一阶段。

他认为，海外艺术教育人才要能歌善舞，要会诗歌舞乐，这不仅是现实的工作需要，也是继承中国几千年乐教的优秀传统。新时代的中国，不仅要继续做好辛亥革命以来学习欧美建立起来的音乐教育工作，还要更加注重学习研究、继承发扬中国古代乐教的优秀传统。尤其是歌舞乐一体的综合艺术、教育，吸收其优越性。综合艺术是人们普遍喜爱的艺术。例如，华人春节必看的艺术大餐——央视春晚，就是综合性的表演艺术。当代"三大音乐舞蹈史诗"《东方红》《中国革命之歌》《复兴之路》也是综合性表演艺术。

　　在此期间，郑锦扬还义务为多所高校开设以研究生为对象的《诗词艺术》课。这是其诗教的第二个阶段。从结合艺术史论课的诗教到开设专门课程，要求学生提交的诗词作业，要把诗作写在自己制作的诗笺上，成为诗笺形式的艺术品，这就把当今分科的文学—诗歌、艺术—美术、设计融合在一起了；他还要求山东艺术学院音乐学专业的研究生，要录制自己选择的诗词表达形式——吟诵或讴歌之声；他对厦门大学研究生的要求则是，结课展示展演（在教室里、对全院公开），每个人对自己的诗词表达形式最好独具个性。由此形成了配乐朗诵、吟诵、吟唱，自己弹唱、自己歌舞、自己演唱、别人合乐的丰富形式。31位研究生的结课汇报，出现了30多种表演形式，使在场所有师生、人员都大吃一惊、喜出望外：一个班级怎么会有这么多表演形式！这些诗词教学实践，也是锦扬先生教学当中预设的，把以音乐、艺术、教育专业学生为学习对象的诗词艺术课，营造为多学科知识交叉融合的综合课。把现在分科的文学、音乐、美术、舞蹈表演、美术设计——计算机绘画制图、排版等结合起来，使学生能写作诗词歌赋，能自主选择形式格律，按规矩写出来、制作出来，这样多学科的知识就综合了，艺术应用能力就提高了，自主学习能力就增强了，文化与艺术的视野就更宽广了。把古代综合性的艺术和乐教诗教的优秀传统融入当代艺术教育，使艺术教育更加具有中国风韵，更加有益于新时代的中国社会和广大学生。

　　关注国家重大发展，追随时代主流进行音乐创作，是郑锦扬艺术创作的另一个重要思想。2020年春，新冠疫情暴发。他即指导学生——闽南师大张琨琨副教授等进行抗疫歌

▲ 应川音院长黄万品之邀去成都四川音乐学院音乐学系讲学（右为时任音乐学系主任甘绍成教授、博导）

▲ 与永定县人民政府签订合作协议

▲ 与国家文化产业基地"龙人古琴文化村"签订合作协议

曲创作。结果张琨琨作曲的抗疫歌曲十天上央视，由《海峡两岸》栏目的李红主播。紧接着他又出主意，把单声部的歌曲编成无伴奏合唱、管弦乐队伴奏的大型合唱等多种版本，再上央视频、人民网等几十家国家级与省部级媒体播放。张琨琨作曲的《等待花开》是福建省最早登陆央视的抗疫歌曲之一。同时，郑锦扬自己写歌词自己谱曲、把汉语版《亲你》送入厦门网站打榜，每日都获高票，产生了很好的社会影响。接着，他又联合国内外艺术人士相继推出中德、中英、中俄、中日、中蒙、中法、中马等11种双语抗疫歌曲，是抗击新冠疫情期间自作词曲和多语种版本的艺术家。

与他为白居易的《长相思》谱曲，融入词乐结构关系探索一样，这首《亲你》的歌乐也有着独特的设计。因为他写作的散文诗是抒写两个推迟婚礼的青年隔着医院玻璃的亲切絮语，他就把配词之乐写成口语化的曲调，以亲人的口吻互诉衷肠，而没有采用他《歌曲作法》课所教的先写歌曲的主题乐句，再对音乐主题予以发展的西式歌乐写作方式。他还词曲俱作，写成了讴歌抗疫大战中医护人员的抒情性独唱曲——《你的双眼》。

郑锦扬对歌曲创作的许多观念，如歌曲的词作最好努力写成好的诗歌、词作，歌曲之乐，创作要注意吸收中国古代歌乐技艺；要深入研究、系统整理中国古代歌乐创作技艺，并融入当今音乐专业教学，等等，都是针对性很强，有益于完善中国音乐创作理论与技术，有利于完善高校《歌曲作法》课的乐教思想与智慧。

脚踏实地地海外交流

华侨大学音乐舞蹈专业的教育与文化交流，不只是停留在校园内，而是非常注重与驻地的社会联系。脚踏实地、由此及彼，从学校所在地推而广之，然后辐射至全国。在国内办学，先努力取得地方政府有关机构和单位的支持，保持与所在地高校——厦门大学、集美大学和中等学校以及社会音乐舞蹈机构的密切联系。

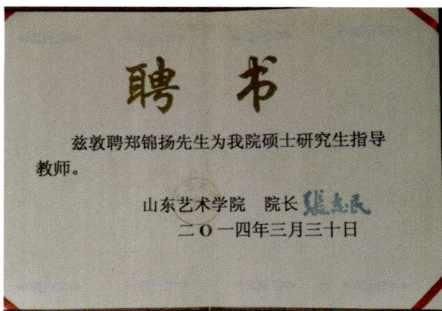

▲ 担任省部共建山东艺术学院硕士生导师

▲ 应邀在周恩来总理家乡讲学，被聘为淮阴师范学院客座教授

在拓展海外艺术教育的境外、国外活动中，郑锦扬非常注意对当地国情、社情、校情的直接了解。学生出国实习之前，他带队先探路、联系，弄清楚学生的吃、住、工作、外校的指导、合作的各种具体问题。仅马来西亚一国，他就走过了吉隆坡、马六甲、槟城州、柔佛等许多城市的学校。他说："情况不明、细节不明，就不能去。当地情况和学生出去所需要涉及的所有事情都要弄清楚，而且与合作方讲清楚，签了协议后才能去人。"这些涉外的思想、举措，对很安全、稳妥地做好海外艺术教育与文化交流等工作是很有意义的。

郑锦扬在学院工作中十分重视学术特色的营造。他发起成立的"华侨大学艺术学研究所"，潜心于海外华侨华人音乐舞蹈、海外艺术教育、闽台艺术关系与港澳台地区音乐舞蹈、艺术史论研究等学术领域的研究，使师生在研究中加深对中国音乐、舞蹈、艺术与海外、东南亚、海上丝绸之路沿线国家的联系；使教师在特色研究中增强学术锻炼，加深对中外艺术关系的认识、拓宽世界文化视野。

郑锦扬还很注重建设与海外艺术教育相适应的专业教师队伍，努力招聘和引进具有海外留学经历的音乐舞蹈教师，以便利于教师队伍形成较为广阔的艺术、学术视野。该学院2007年就已成为华侨大学各学院中专业教师队伍具有很高"海归"人员比例的单位之一。拥有多个国家学习经历的多位海归教师、学院经常性地出国交流和聘请外国专家讲学等，和华侨大学的国际化特色相交融，营造了音乐舞蹈学院浓厚的国际化学术、艺术氛围。与海内外、国内外学生们同堂学习、同卷考试，一起参加学院的各种教育、演出活动，一起过着校园生活。因此，国内学生在全程教育中耳濡目染、潜移默化地增强了国际意识、外国艺术知识。从2007年首次招生至今，年轻的华侨大学音乐舞蹈学院，已经初步发展成为我国高校国际化程度很高、具有大量海外学生的艺术类学院之一。

▲ 访问泰国，与泰国农业大学校长（左4）等合影

　　华侨大学音乐舞蹈学院在厦门校区的筹建，使得厦门市、闽南地区增加了一个国家部委直属高校的音乐舞蹈学院，这也是厦门市第一个本科层次的音乐舞蹈学院，包括第一个舞蹈学本科专业。郑锦扬还建议、促进其学生为骨干，相继申办了诚毅学院舞蹈学专业(2013)、集美大学音乐学院舞蹈学专业(2015)、泉州师院音乐舞蹈学院舞蹈学专业，形成了方圆一小时左右车程六个舞蹈学本科、硕士专业区域。这是当时闽浙赣乃至中国极少的舞蹈高等教育密集区。对厦门艺术之城的建设，乃至闽南地区的舞蹈事业、人才培养、艺术活动都起到了很好的支持作用。

▲　左：2007年年底，率6月成立的华侨大学音乐舞蹈学院演出队在香港新光戏院，做该院首次海外专场演出
上右：2007年年底，与香港华侨华人总会会长、华侨大学音乐舞蹈大楼捐建者李碧聪在香港
下右：在厦门，向来访的伦敦大学金斯密学院院长赠送个人著作

天海探秘

在华侨大学音乐舞蹈学院专注教学的同时，郑锦扬还瞩目音乐专门史的开拓，在2012年推出一种令人眼睛一亮的中国音乐专门史、一个崭新的交叉学科性质的学术领域——中国太空音乐史。2012年9月，他在沈阳音乐学院召开的中国音乐史学会"第12届全国年会"上，发表了近6万字的《中国太空音乐史初探》。在这个音乐专门史领域（无论国内外）具有填补空白与开拓性的意义。他撰写了数篇中国太空音乐史的专文，涉及太空影像音乐研究、月球音乐初史研究、太空音乐范畴研究，这个学术系列，对太空音乐史，从历史和理论、系统和具体的不同视野方面予以多方探讨，在学科建设方面具有基础性的意义。

▲ 2012年，在中国音乐史学全国年会（沈阳）发表的《中国太空音乐史初探》是国内外第一本太空音乐史专著

▲ 《太空影像乐思录——天宫一号和神舟九号组合体涉乐图像研究》一文载于《艺术 百家》2016年第2期

　　与他在25年前所开拓的中国音乐史学史研究主要以书文为研究对象不同，郑锦扬努力追踪中国与世界太空事业的进展，探寻其相关文化中的音乐、艺术，为太空音乐研究注入信息与动力。郑锦扬在资历较深的音乐史学家群体里，非常重视宏观研究和追随国家前沿发展的音乐学术，这样的研究比较难做。有同道问："你是名家，为何自讨苦吃？"他说："补白拓新与宏观研究这类比较容易失败的事，已经不需要评职称、不愁温饱的人，应该比年轻人多做些。尤其是全国性学术会议，总要有几篇突出新意的长文才好。都是旧题、旧法的全国性大会，不利于年轻人的成长。"

　　中国太空音乐史，这个新的音乐学术领域的拓展，体现了郑锦扬一个很有价值的思想：这就是音乐、艺术研究和学术工作，要追随国家发展，尤其是前沿、重大领域的发展。这样的研究与国家同命运、共进步，音乐、艺术与学术、史论的发展，也会在往前看中得到动力；瞩目音乐之外的国家发展全局和大势，对学术拓展、对人才培养都很有意义。十多年来，他从没有设想过太空音乐史的终点，却踏实地走出了中国音乐人做世界前沿学术的路子。我们相信，这将成为后来很多人的路，成为人类音乐与地外——宇宙音乐之旅的一条新路。

　　关于中国太空音乐史这个崭新的音乐专门史，郑锦扬还有另外一番深意和雄心。他在从沈阳飞回厦门的途中，给时任华侨大学校长贾益民教授的信中写道：

　　25年来，我一直想搞一个我们没有天然优势（而中国音乐史学史，外国人由于语言和文献等原因不可能在总体上超过我们）的学术领域，并使之发展为领先欧美的新兴交叉学科。太空领域苏美既早又强，太空音乐及其历史虽短却新。若搞得好，先于他们、而后追踪他们的动态和进展，并持续领先他们，使这种引领成为一个学术过程，是很有意思的。这是我开拓新的音乐专门史并选择这次全国性会议发表该文的主要原因。

　　郑锦扬还从音乐学的现状与发展出发，在国内外首先提出"海洋音乐

▲ 2010年11月4日，在厦门主持首届中英音乐关系国际学术讨论会开幕式

▲ 应邀参加中国音乐学院校庆和学术会议，与樊祖荫老院长（右2）、杜亚雄教授（右3，国家级专家）、谢嘉幸（左1，中国音乐教育协会会长）合影

学"。并在2014年首届"海洋音乐学术讨论会（厦门）"上当选为海洋音乐学会（筹）会长。经他建议，《星海音乐学院学报》（2011年第2期）开辟了"海洋音乐研究"专栏，他为该栏目特撰专文，发表了《瞩目海洋：关于海洋音乐研究的若干思考》一文。文中，首次提出海洋音乐学，并对海洋音乐学的主要研究对象、基本构成、研究意义与方法等予以系统的论述。这不仅对海洋音乐及其历史研究的开拓发展有重要意义，对从结构视野认识与发展音乐学也有颇高的学术价值，如其中关于音乐学不仅要有对基于地球四分之一的陆地的音乐研究，还要有对基于地球四分之三的海洋相关的音乐进行研究的思想，对音乐学的整体认识与充实，都是很有新意和实施可能的。和他开拓新学科领域总是和研究生教育相结合一样，他也指导研究生、山东艺术学院徐成龙撰写海洋音乐史的研究论文，这是我国最早的中国海洋音乐史的毕业论文之一。今年他给研究生开设《诗词艺术》课，让音乐学专业研一学生能写出诗词歌赋作品；他还在国内率先开设《中国诗乐史》研究生课程，期望促进中国诗歌与音乐关系的历史研究。

　　年逾六旬的郑锦扬开拓精神仍然旺盛：中国海洋音乐史、中国诗乐史这两种我国亟待开展的音乐专门史，又在他的努力下迈出了坚实的步伐。瞩目学术界的学问整体、发现其不足与薄弱，并迅即采取措施进行补充性观念的研究，使得他在中国音乐专门史领域有着多样且持续不断的开拓。

他说历史学问包括过去、现在与未来，学术研究有着无限的空间。一旦摆脱环境与意识的藩篱，人的思想就无比活跃，学术的范围是星辰大海，大潮起落，波涛汹涌的海洋有捡拾不完的珠宝，浩瀚无垠的天宇有无穷无尽的疆域，未知、神秘的世界里有着学者们穷其一生可以追索的新知与乐趣、精神与物质的宝藏。

郑锦扬关于海洋音乐学及其历史、中国诗乐及其历史的创意及首先提出，与他对音乐史论现状的认识有关，也与其整体—系统的思维、宏观—多学科的思维、孜孜不倦地探寻未知的兴趣有关。他认为，从中国音乐知识整体观察，现有音乐学术大多涉及人类与土地的关系。若把音乐与生存的地球联系起来，就会发现海洋最大、陆地其次，还可以涉及地外行星乃至星系——如月球、太阳系；而音乐学问的总量却与此相反，对海洋音乐、太空音乐的认识与研究、创作与表演都较少。这种在音乐知识总体认识中，寻找其薄弱之处，而后予以开拓、发展的思维，是学术发展的一种重要途径。

第四章　家国天下

　　郑锦扬是一位家国天下情怀浓厚、思维视野宽广的学者。他把亲人们在老家门口合乐之照，推荐为本书个人传记部分用的第一张照片。他说："人都是出生在家里、在家里长大的，我是从县城爱乐之家走出来的人。"他对同胞五人个个会演奏乐器的教师之家，感情深沉。永春县东门鹏翔郑氏家族祠堂大门的对联，就有"诗书世美起龙图"之句。重视诗歌、读书是郑氏家族自河南迁闽以前就有的好传统。

　　谈起桃源镇的同乡、诗人余光中与乐人周杰伦等，他兴致盎然。老家、老乡不仅深深地铭刻在离乡数十载的游子心中，也影响着对家乡感情深厚的他的艺术创作、学术研究和艺教人生。虽然22岁离乡行走四方，家乡却永久牵绊着他的心绪。其第一部诗词歌赋合集《乡思集——诗词歌赋100篇》，就是抒写乡愁乡情的。

　　就像余秋雨所说的，世界上最蓝的河流不一定是多瑙河，世界上最美的向日葵也不一定在梵高的出生地荷兰。在郑锦扬心底，世界上最美的故土一定是自己的家乡——永春县桃源镇。2022年，郑锦扬还以《乡思》为题，仿照《诗经·郑风·羔裘》的体式，创作了《荔枝》《鹏山》《花伞》三首四言诗，描绘家乡的山水和风物，获得"晋唐杯"全国诗书画家创作赛诗词一等奖。其中，《鹏山》一诗写道：

> 大鹏入宇，巍峨以东。彼其之子，舍命不渝。
> 大鹏莽莽，草木茂密。彼其之女，娉婷绮宜。
> 大鹏晏兮，三英桀兮。彼其之女，娉婷彦兮。

（注：大鹏山为永春县县治桃城镇的最高山。

鹏山面对桃溪，风景宜人，俊才辈出。）

▲ 在华侨大学厦门校区综合楼F区，音乐舞蹈学院前（最初办学地）。自2007年起在厦门生活

看来，离家已40多年的游子，身心始终还是被儿时故乡的云烟环绕着。只是，人在其中，已无觅处——"人在此山中，云深不知处"。

以家乡为题，倾注着对生之养之的家乡桃源——永春的无限深情。其字斟句酌的各种形式的艺术作品，不仅有着对家乡山水田园、学校街亭、里巷友人、风物历史的思忆缅怀和多方描写，也有着他的青葱岁月、校园生活和下乡、小教、山区文化工作的印迹。游子对家园的缕缕乡思、桃溪源流的两岸风景、少年成长的生活感悟、对家乡的由衷礼赞，融汇在诗词句韵的字里行间。从中，也可以发现郑锦扬采用不同艺术形式表达乡愁乡情的艺术匠心、诗文功底，和朴素绵长的深厚感情。

他认为，中国古代乐教是世界上当时先进的教育，当代中国的艺术教育也应该是世界先进甚至领先的。对此，继承古代优秀乐教遗产和世界优秀成分，建设具中国特色的艺术教育，就是我们所应奋力而为、多方实施的事业。有道是："行外用功处处难，唯新艰苦谁有知。"郑锦扬却乐此不疲。友人道其："不循熟路，自讨苦吃。"他说："人不作为，生又何义？"

　　用自己的脚步丈量祖国大地，在行走中进行与本地、本省不同的艺术教育与学术研究的交流、指导等，是作为全国著名音乐史学家、艺术教育家的郑锦扬最喜欢做的事情之一。郑锦扬是国内外24所高校的教授、特聘教授、客座或兼职教授（研究员或客座研究员、研究生导师），在全国高校音乐、艺术教育界有广泛的影响，经常到各地高校讲学；他参加了多所高校的学术工作，尤其是研究生教育和学术研究工作。他说："能尽微薄之力，做利人之事，是人生最快乐的。只要走得动，乐得四方游。"从1999年北美归来，他应袁静芳女士（中央音乐学院音乐学系主任）之邀在中央音乐学院讲学以来，相继在46所高校讲学，足迹遍布20多个省、自治区、直辖市。

▲ 莆田学院郑才木书记授予郑锦扬"莆田学院客座教授"证书

▲ 应邀担任复旦大学2015级历史系，中国古代史博士论文答辩委员会主席

　　郑锦扬的国家观念强烈，这或许与其长期教学有关。他认为，研究与完善中国音乐史，写好并教好中国音乐史，是全国音乐史学界的责任，也是奉献给祖国的礼物。为此，他几次在全国性学术会议上呼吁：要多方面地反映祖国音乐史、写好更加完善的中国音乐史。要从空间视野，充分、完整地反映国家的音乐史，而不能只写发达地区、史料多的地区的音乐史。为此，既要研究好、编写好现今大陆与海岛各地的音乐史，也要反映好在世界各地的华侨华人音乐史；要从历史动态的视野，反映真实的中国古代音乐史。因为中国历代版图是变迁的，不能以一定的空间说五千乃至万年之远的中国音乐史。这就要求不仅要弄清各个时代版图上的音乐史

真实情况，还要大力挖掘各个时代、各个人文空间的史料；要从多民族视野，反映好多民族音乐对中国古今音乐的贡献，中国音乐史是中国各民族人民共同创造、共同生活的音乐史。他的这些观点，既有益于学术上更完善地建设中国音乐史和学术发展，也有益于中国音乐史教材编撰和教学。

郑锦扬对中国音乐通史如此，对他几十年来最关注的中国音乐专门史也是如此。他认为中国人不仅应该研究好、编撰好、执教好完整的中国音乐、中国音乐史，还应该在这些中国艺术、文化研究中，走在外国人前面，比外国人做得更好。为此，应该选择一些领域、项目，予以先行的开拓性的工作。这是中外比较认识的视野，也是世界—天下的视野。从广阔的视野认识中国音乐、艺术和艺术教育、学术研究，是郑锦扬长期的主张与实践。

"路漫漫其修远兮，吾将上下而求索。"在长期的教学、研究和创作领域中，郑锦扬以其开拓性的思维、多方面的才能，不断地拓荒、耕耘，取得了多方面的成就，为这个时代留下了深深的足迹。

▲ 应邀参加上海音乐学院博士论文答辩委员会

▲ 应邀在华南师大音乐学院讲学（右1：华南师大音乐学院党委书记）

第二辑　作品

中国音乐史学的三个阶段

中国音乐史学史问题初探

中国音乐的可考历史自河南省舞阳县贾湖村骨笛算起，迄今已有8000年了。作为反映中国音乐历史的学科——中国音乐史学也走过了自己漫长的道路，从无到有、从小到大、从简单到复杂、从幼稚到成熟。回顾中国音乐史学的发展过程，探寻中国音乐史学不同发展阶段的历史特征是音乐史研究不可缺少的一部分，也是中国音乐学建设所必需的。

中国音乐史学的长卷可分为四个阶段：古代音乐史学、近代音乐史学、现代音乐史学、当代音乐史学。本文讨论前三个阶段。

源远流长的中国音乐史学自何而起呢？这是古代音乐史学首先必须回答的问题。音乐史学是关于音乐历史的学问。当我们古老的国土上有了音乐，也就开始了中国音乐的历史，并有了产生中国音乐历史认识和关于音乐历史学问的条件。中国音乐史学是产生于客观的中国音乐史之后与中国音乐、中国史学息息相关的学问。目前，对古代音乐史学的了解还只能依靠文字写成的文献。

有了文字，就有了用文字记载的历史。在中国，这种历史是从殷商开始的。甲骨文的出现，使得殷商的历史可溯、可信。中国音乐史学也与此同时进入了以文字记载的音乐史学——信史时期的音乐史学阶段。殷甲、钟鼎都有了关于音乐的记录。商周之际的文献中关于音乐的文字已大量出现。《竹书纪年》《尚书》等也有关于音乐的记录。《左传》《国语》等著作中记载的晏婴、史伯、州鸠等官员、乐工说及音乐的文字，则不仅是对古乐的述说，而且已有评论。音乐专门篇章的出现是战国时期的事，如墨子《非乐》、荀子《乐论》等，大大地丰富了音乐史学。从甲骨、钟鼎到竹简文书，从记乐文字到谈论古乐，从偶尔涉及到专门成篇，表明了商周以来文字记载的音乐史学的发展。中国音乐史学至此已有专门音乐论著了。

　　音乐史学的积累、商周丰富的音乐实践、春秋战国时期学术的繁荣、史学的进展和综合性图书的涌现等终于使中国音乐史学在战国末年又大大地向前迈进了一步，这就是《吕氏春秋》的出现。这一部由吕不韦（公元前300年？—前236年？）集合门人所撰的大书，兼儒墨、合名法，凡一百六十篇。书中有相当多的篇幅谈到音乐，说及音乐史者也不少。如"大乐""侈乐"等篇都评论了古乐。尤其重要的是该书专设了谈音乐历史的篇章："古乐"篇与"音初"篇。"古乐"篇记述了朱襄氏至周武王的乐事，多属代表性乐舞。"音初"篇记录了东音、西音、南音、北音、郑卫之声、桑间之音。前者谈帝王京畿之乐，后者谈四方民间之乐。中国音乐史学由此开始了自己的史学著述。它所形成的音乐史学著述传统，如音乐历史记载的时间由远而近，依部落首领或帝王为序，音乐历史以各代帝王的大型代表作品为中心线索，置四方之乐与民间音乐于另篇，史迹记载与评论相结合等都对以后的中国音乐史学产生了深远的影响。以《吕氏春秋》为标志，中国音乐史学在战国末年进入了拥有专门音乐史篇章的阶段。

　　作为中国史学组成部分的中国音乐史学是从西汉的《史记》开始的，迄今已有2000多年的历史了。我们认为，《史记》是中国音乐史学作为历史学一个分支学科诞生的标志。《史记》八书中专列"乐书""律书"，表明了音乐历史被正式地、郑重地列入祖国史册，成为正史的有机组成部分。

　　至此，正史或以《乐书》《志书》（《乐志》《音乐志》）专列，或以《礼乐志》《律历志》并列，记载各历史时代的音乐。这些志书构成一部历史悠久、内容丰富、世界罕见的中国音乐史长篇巨著，也是中国音乐史学的长篇巨著。

　　当然，正史的乐志大多是记一段乐史，加上有些史书无志，完整系统地反映中国音乐史学只有二十四史与《清史稿》是不够的。自唐·刘秩编《政典》之后，出现了不只摘编现成材料，而力求融会贯通，弄清事物原委的新型史书。这种不同于类书的新型史书的出现，使音乐史学又向前迈进了一步。这种新型史书《政书》共有十部，称为"十通"。以唐·杜佑《通典》、宋·郑樵《通志》、元·马端临《文献通考》最为著名。《通典》八典之五是乐典，《通志》二十略有七音、乐、艺文等音乐或关于音乐的三略；《文献通考》的二十四考中有乐考"十通"与二十四史及《清史稿》互为补充，较系统地反映了中国音乐的历史变迁。

正史与"十通"的音乐部分也只是中国音乐史学的一个部分，其他形式的著作也反映了历史。如唐《教坊记》《羯鼓录》、宋《东京梦华录》、元《唱论》《中原音韵》、明《律学新说》等是较好地反映了历史或具有重要学术价值的研究。

1987年发表于江阴中国音乐史学术会议

《艺术概论（第二版）》前言

　　中国青少年学习各艺术专业的人数越来越多，中国高校的艺术专业越来越多，中国的艺术类硕士生也越来越多。它们从不同角度说明，中国社会的艺术需求在迅速扩大，中国的高等艺术教育在迅猛发展；它们要求，中国的艺术理论工作者不断推出适合于这个时代、这种趋势所要求的新著作、新教材。再则，高校艺术类（音乐类、美术类、舞蹈类、戏剧类、电影类、播音与主持艺术类等）各专业的教育教学改革也在深入地进行，其中一个重要趋势就是，注重不同门类艺术、不同学科间的渗透、交融与结合。此外，世界艺术的发展也要求艺术理论著作与教材及时地予以反映。例如，网络艺术一日千里的发展就是一种重大的世界文艺现象。如此等等，都要求艺术理论工作者写出新的著作与教材来。

　　本书的写作过程与方法，可以追溯到1998年，笔者受教育部体育卫生与艺术教育司委托，组织专科版《艺术概论》的编写工作。该书经高等教育出版社出版（1999年6月第1版），已印制发行十余万册，在音乐、美术等多个门类艺术专业使用，是发行量较大的艺术理论教材。在高等教育出版社和朋友的鼓励、支持下，笔者和本书同道（毕业于各艺术专业而且在高校从事艺术理论教学的中青年博士们）联合申报了"十一五"国家级教材，并获得批准。为了使这本供本科生使用的《艺术概论》教材具有专科版《艺术概论》教材的主要特长，我们在大部重写、大幅修改、较多增订的同时，吸收专科版教材的突出特色（如设总论与分论两大部分、篇幅适中、内容简明等），保留若干章节(第一、四、五、七章)，形成了这本面貌一新的本科版《艺术概论》。全书由上篇六章与下篇六章组成。上篇艺术原理依次为：艺术起源与发展、艺术本质与特征、艺术与环境、艺术的功能与作用、艺术创作与作品、艺术鉴赏与评论。下篇将几个主要的艺术门类各设一章，依次为：音乐、美术、舞蹈、戏剧、电影电视与网络艺术、文学。

这部本科版《艺术概论》教材的特色，首先是对艺术原理与艺术门类的二分结构。艺术原理与艺术门类各设六章的结构，反映了我们对《艺术概论》教材体系的认识：(1)必须把对艺术基本原理的认识放在第一位，而且以简明的章节、平白的语言来表达，作为本科教材，条条太多不好、篇幅太长不好、理论性太强也不好。因为，学习这门课的学生是才高中毕业1～2年的大学低年级学生。(2)必须紧密结合具体的门类艺术来谈艺术整体，把具体的门类艺术理论与一般的艺术理论有机地结合起来。只有这样，《艺术概论》的学习才会有具体艺术的支撑，才能在微观的基础上更好地展开宏观。同时，也有利于在宏观的视野中更好地认识微观的艺术问题。尤其是，学习这门课的学生绝大多数是某个门类艺术专业的学生。写好《艺术概论》教材主要的艺术门类，有利于这些学生结合本专业进行扎扎实实的学习，也有利于结合具体的门类艺术实践进行学习。

由此产生了这部教材的又一个特色，作者均是某一门类艺术的行家里手。为了写好六个门类艺术，我们选择相应艺术专业的中青年博士（包括3个博士生导师）为作者。这六位博士与写作艺术原理部分的两位博士构成了全书的作者队伍，我们希望由术有专攻的艺术理论专才来担负写作之任，有助于较好地反映该学科专业的知识系统与学术前沿。此外，他们均有本科或研究生层次的艺术与艺术理论教学经历，有助于较好地反映现在和以后该学科专业的教学要求，从而使这本书更适合于高校艺术概论课的教学需要。本科版作者中，半数是专科版的作者，对写作《艺术概论》有一定的经验，对此书写作的完成有着重要的作用。在这里，也要向专科版的其他作者表示敬意，虽然他们有的因为退休或即将退休，有的因为工作变动而未参加本科版的撰写工作，但专科版作者的辛劳不仅惠及数以十万计的艺术专业学生，而且也对本科版的写作有着重要的启迪与帮助。文章千古事，好事自流芳。艺术教材作为艺术教育的重要组成部分就是在合作、继承与创新、发展中不断走向更美好的未来的。

这部教材的第三个特色是对艺术与艺术理论前沿的关注。如人与世界的和谐相处、艺术与世界的和谐相处，是当前社会和学术界、艺术界关注的一个大问题，人与世界和谐相处也是人类的一个共同理想。本书新增的第三章"艺术与环境"，从艺术与自然环境、艺术与人文环境两方面讨论艺术与其存在世界的关系，就反映了在这方面的关注与努力。其中也反映了我们的一些认识，就是不但要从艺术发展、艺术整体来认识艺术问题，也要从艺术与社会、自然等方面综合地观察、认识艺术与艺术理论问题。此外，书中对网络艺术的专门论述、对早期文学从口头文学向案头文学的发展、对中国当代舞蹈艺术的概括等，有些是以往《艺术概论》所未有的，有些是以往的同名书的薄弱之处。这些也反映了作者贴近当代艺术与艺术理论的社会现实所做的努力。

书稿既成，我们看到了不同作者的不同努力，看到了不同作者各异的写作风貌以及字里行间的长短，等等。然而书写完了总要出版，完善也有穷期。我们希望读者能对本科版《艺术概论》不吝赐教，在使用中发现与提出问题，以便我们在今后的修订中不断完善，让我们的《艺术概论》真正成为概要讨论艺术的好书，成为适合于艺术各专业本科生的艺术概论课教材。

2007年1月29日完稿于北京

瞩目海洋：关于海洋音乐研究的几点思考

志武来厦门参加在华侨大学厦门校区举行的中国音乐史学会第11次年会，其间谈起对《星海音乐学院学报》近年新貌的印象、岭南音乐专栏，谈起了海洋音乐应该引起更大的注意等。星海音乐学院是全国唯一以中国音乐家名字命名的重要音乐学院，其名有"海"字，学院距中国南海较近，做些海洋音乐的事很合适。这个问题的提起，更多的因素是觉得中国的音乐研究对海洋音乐的重视还觉不够，成果也远不如陆地音乐方面多。从音乐学的全景看，更全面的音乐研究，应该包含海洋音乐研究，应该有比现在更多的海洋音乐研究成果。因此，重视和加强海洋音乐研究使之成为一个重要的学术领域，以至于在不远的将来形成"海洋音乐学"，似有可能，也有必要。

一、海洋音乐——与海相关的音乐

海洋音乐是与海相关的音乐。包括与海洋有关地方、人文的音乐，与海洋有关题材、形式的音乐等。

其一，是与海洋有关地方的音乐。与海洋有关地方的音乐和海洋有着天然的密切联系。在人类居住的地球表面3/4是海洋。人类居住的陆地环抱在海洋中，形成了亚洲大陆、欧洲大陆、美洲大陆、非洲大陆、澳洲大陆和岛屿、半岛等各种不同地理环境的陆地，海洋与陆地相连的地方遍布世界各大洲；沿海地区成为人类居住的重要区域。大航海时代以来，沿海地区逐渐成为经济比较发达、文化艺术繁荣的地方。因此，海岛、沿海地区、与海相连的陆地等就成为海洋音乐产生与存在的主要空间。

从地球环境的视野看海洋音乐，有海岛音乐、半岛音乐、大陆地区的沿海音乐；还有由于地质、地理、人工变化产生的海洋与陆地相关地方的音乐。当然，沧海桑田、造化神奇，历史上的海洋而今成陆者也比比皆是。如果研究材料、学术条件等具备进行古代海洋音乐研究的条件，这类研究也是有其价值的。

海洋音乐既有共同的特点，各种海洋音乐又有各自不同的特点。在地球上，只要有人居住的地方，就有对声、光、热、电的具体认识与利用。在声音方面，对于自然之声的审美选择、对于人工的音声创造、对于自然之声与人工音声的艺术综合与创新组织等，在不同的环境中有着不同的历史、具有不同的特色、产生了不同的创造。尤其是在不同的自然、人文环境中的海洋音乐，如海岛音乐、半岛音乐、大陆地区的沿海音乐、古代海洋音乐、现代海洋音乐具有显著的不同特点，构成了不同的研究对象与学术风貌。这些是海洋音乐及其研究中尤其值得珍视的内容，是海洋音乐之所以丰繁动人的重要原因。

其二，是与海洋有关题材的音乐。人类在漫长的历史中创造了难以计数的、与海洋相关的音乐。这些作品有的是身临其境的抒怀，耕海的豪情、汹涌的波涛在旋律中起伏，战胜大海、做海洋主人的自信充溢其间；有的是作曲家对海的综合感受，海的韵致、情怀，在乐声间流淌，热爱海洋，对海洋生活寄寓的美好深情流露；有的是表现与海洋密切联系的产业、行业生活；有的是记录与海洋相关的知识并思考。例如，以男声演唱见长的《我爱这蓝色的海洋》与女声演唱歌曲《渔家姑娘在海边》就是这方面的名作。从历史的视野看，与海洋相关题材的音乐也有其自身的历史。如积贫积弱的晚清，由海而来的西方进步思想、社会变革大潮浩浩荡荡、势不可当，几千年的封建社会走向末路。在社会变革中，有方向明确意气风发者，有努力追求前路迷茫者。徐志摩的现代诗歌《海韵》以不怕牺牲、矢志追求自由的女青年为中心，反映了当时中国青年的精神面貌和进步倾向。这首诗经赵元任作曲，以女郎与大海的关系对话等生动而深刻地表现了20世纪中国知识青年的思索追求、发奋探索的精神，成为"五四"青年的歌曲标识。作品中，大海作为一个独立的音乐表现元素，起到了独特的作用，是中国现代合唱作品中极具特色的艺术创造。合唱

《海韵》成为最具影响力的现代海洋题材名曲、以抒写人的精神为主的佳作。不同历史阶段的海洋音乐作品，记录、表现了人们与海洋关系的历史，也表现了这种历史中人类社会、文明的发展历程。

从区域的视野看，不同区域的海洋音乐有着各自不同的特点。如印度尼西亚的《宝贝》，在起伏的微波中荡漾的旋律和千岛之国的环境、母亲对孩子的挚爱结合成动人的画面；阿根廷的探戈则深深浸润着狭长海岸的大洋之风，摇曳起伏、婀娜多姿；而中国《渤海渔歌》中舒展的旋律、爽朗的气质和北方汉子的豪爽语言，形成了南北不同风韵的海洋音乐之美。从不同角度观察，与海洋音乐形式、音乐历史、音乐智慧相关的领域还有许许多多。与各类学问一样，海洋音乐的知识也是认识无止境、尽在探寻处。

二、海洋音乐研究——与海陆人文相关的音乐研究

海洋音乐有着众多的研究角度与方法。从地理空间而言，不同自然地理空间的海洋音乐有其不同的特色。最常见的海洋音乐研究对象可有如下几种。（1）岛国音乐。这是国家视野的海岛音乐研究。如印度尼西亚号称千岛之国，其岛屿超千，其音乐有着岛国特有而内陆国家(如蒙古国)所无的艺术风貌。（2）海岛音乐从广义而言，水环抱的陆地就是岛(这里专指七个洲之外的海岛)，世界上有气象万千、景致不同、数量巨大的海岛和存在于岛上的风格各异的海岛音乐，对海岛音乐的研究，可以构成极为丰富的音乐知识与艺术大观。海岛音乐是海洋音乐最具特色的主要内容。（3）半岛音乐。半岛与海陆相连，生活、文化音乐与海岛有异。（4）沿海地区音乐。大陆的沿海地区具有半岛的某些地理与人文特点，其音乐兼具大陆与海洋音乐的特点。（5）渔民的音乐。以渔业为主要生产方式的人们经常在海上生活，近海的疍民主要生活在船上，其音乐是海洋音乐极具特色的部分。这5种音乐是海洋音乐的主体部分，与其存在的地理空间都有着极为密切的联系。

从人文地理而言，音乐是人文之声、艺文之声，是特定环境的人们由内心而外化的文化艺术，也是特定人文地理的产物。乐为心声，海洋音乐与人、与人文有着更为直接的联系。所以，人文地理的视野是海洋音乐十分值得重视的。从这样的视野看海洋音乐研究，音乐既与海洋地理有关，更与海洋人文紧密相关。由于海洋音乐是海洋文化的组成部分，既可以追寻海洋音乐的文化属性，也可以探讨海洋文化的音乐存在；既可以研究海洋音乐与海洋文化的密切关系，也可以研究海洋文化与海洋音乐关系和其他文化音乐关系的异同。海洋音乐作为海洋文化的有机组成部分具有丰富而专门的内涵，而海洋文化作为海洋音乐的背景、母体对海洋音乐有着广泛深入的影响。注重这二者的相互关系，可以更好地揭示海洋音乐的文化特质及其与陆地音乐的异同。人文地理视野的海洋音乐研究、海洋音乐与人文地理的联系等，也是如此。

原载《星海音乐学院学报》2011年6月

中国太空音乐史初探

关于历程及启示的思考

一、导言

"太空音乐"四个字可能见仁见智。本文将其视为与太空有关的音乐。中国太空音乐也就是中国产生的与太空有关的音乐。中国作为具有明确疆域与政体的国家，具有历史性的变迁，其空间范围、社会性质等也依时而异，各有不同。例如，中国元代的疆域比宋代大许多、清代的疆域比当代大许多，以时而论、空间多化。所以，定义为中国人创造的太空音乐，或许更合适些。这样，也可以包括生活在五湖四海的数千万华侨（以拥有中国国籍者计，约有6000万人。其实，亦可以更广泛些，把华人以及拥有外国籍的华人血统的人也包括进来）。依此，中国太空音乐可以释为：古往今来，国内外华人创造的与太空有关的音乐，包括驻留在地球之外的音乐、地球上与太空有关的音乐（如抒写航天人员：登天与未登天的人，航天部门与机构，有关航天的工作：如基地、测控、指挥、研制等对象的音乐），以及相关的太空音乐思想理论和有关的学问、各种有关太空音乐的行为、项目、事件等，也属于这个范畴。

二、太空影像乐思录——天宫一号和神舟九号组合体涉乐图像研究

影像是直观生动的现代文献。自留影技术发明以来，其记录了许多形色各异、生动直观的人文、社会、自然等各类信息。随着中国太空探索与观测、开发与利用的发展，中国的太空活动越来越频繁。最近，令世界瞩目的事情是一箭20星发射的成功。可以预见，今后几十年将是以中国深空探测和大型空间站、月球开发等为重点的太空活动频密的时代。太空影像

也成为中国影像越来越重要的类型，其中涉及音乐的部分，更是至为珍贵的太空音乐图像材料。其在认识太空音乐的存在与发展、太空音乐的传播与应用、人类在太空的音乐生活等许多方面具有很高的研究价值。以下，仅就笔者2012年6月下旬从中国中央电视台实况转播神舟飞船与天宫一号对接合体、自天返地时拍摄的照片，对天宫一号和神舟九号组合体涉及音乐的若干照片做些讨论，尤其是这些太空影像中蕴含的簇新而珍贵的太空音乐信息、太空涉乐影像的若干特征、太空影像中记录的信息对于中国音乐历史的意义、中国音乐史的太空音乐新篇等。

天宫一号和神舟九号组合体的涉乐影像，创造了中国音乐史的多个第一。

1. 关于行为——天宫一号和神舟九号组合体的影像，首次记录和描绘了中国太空音乐行为的动态画面。中国人对天外之乐的向往、抒写、议论有着数以千年计的悠久历史。如先秦庄子对天乐的论述："敖万物而不为朽，泽及万物而不为仁，长于上古而不为看。覆载天地、刻雕众形而不为朽，此为天乐。"以及天籁、地籁、人籁的分论等；刘禹锡中秋诗《八月五夜桃源玩月》"云拼欲下星斗动，天乐一声肌骨寒"的天乐描绘等，都体现了中国先人对天乐的多方认识。

然而，中国音乐飞出地球大气层之外的地外空间，则是近20世纪才有的事。中国音乐搭载中国人自己制造的航天器——第一颗人造地球卫星飞出地球的时间，则是1970年。自此而起，中国人有了太空音乐行为：中国人不仅能在太空产生音乐，还能把在太空产生的音乐传送到地球表面，使地上的人们能听见从太空传来的音乐。不过，人们这时不能看见音乐是如何在太空中产生的；地上的人们看不见人造卫星里音乐发声器的运作动态，航天器上也没有人。

从2012年6月下旬的中国天宫一号和神舟九号组合体的涉乐影像、图片，我们不仅可以清晰地看见中国人在太空所进行的多种音乐行为的动态与画面——音乐试验、音乐演奏，甚至能看见与听见太空音乐即时传送地球表面的、空前神奇的太空生乐和天地传乐一瞬间的新事。

　　飘浮的口琴，正基本平行地横在航天员刘旺的脸的正面、伸手可及之处。这或许是一次太空试验——音乐试验：了解在太空、不同于地球引力环境的微重力空间里，口琴这种小型乐器在其间不受控的存在状态——浮动情况。从图像中可以看出，这把口琴是普通的、人们可随身携带的、常见的口琴。在这幅图片之前的视频里，刘旺从身上取出口琴，轻轻地放入空间，所以口琴的空间状态不只是横的一种，还有不同角度、翻身等。从而我们可以了解到天宫一号的太空环境里，口琴飘浮在空中的状态与时间（从这个视频的记录与分析，就可以精确地计算出具体数据）以及其对演奏的影响等。这也是现今在太空中第一种乐器。

　　这个口琴飘浮试验在乐器史、乐器科学实验史上都具有开创性的意义，其图片与视频是有关学科领域极为珍贵的太空文献，具有重大的科技与艺术价值。就音乐而言，天宫一号和神舟九号组合体的涉乐影像、图片还提供了人在太空环境里的音乐生活场景、画面，使人们可以方便地据此直观地了解航天器里、太空环境里的音乐生活——地球之外的天宇中如何把玩乐器、演奏乐器，产生音乐、欣赏音乐等。天宫一号和神舟九号组合体的涉乐影像、图片既是航天科学工作、太空科学实验的实际记录，也是音乐活动、音乐试验的生动记录，还是太空音乐知识普及与教育难得的材料、珍贵的教材。

　　2. 关于演奏——天宫一号和神舟九号组合体的涉乐影像，首次展示了中国人的太空演奏。第一，首见中国人太空生乐。航天员刘旺侧身、双手持口琴演奏的影像，据初步调查，这是目前世界上所见第一幅航天员在航天器里吹奏乐器的图片。中国航天员在航天器里吹奏乐器的举动，在中国和人类乐器吹奏史乃至音乐史上都是具有划时代意义的。它说明，人类能在地球之外的太空环境里产生音乐——吹奏乐器。由此，人类进入了在太空吹奏乐器、在太空产生音乐的历史；人类音乐进入了太空时代。它以鲜活的具体行动、实时的画面告诉人们，人类不仅能在地球表面上吹奏乐器，也能在地球之外的航天器里、在浩瀚太空里吹奏乐器；人类不仅能在地球表面产生音乐，不仅能把地球上产生的音乐送往太空、存在太空，也能在地球之外的航天器里、在太空环境里产生新音乐。在太空环境里产生音乐，是中国音乐生产开天辟地的大事件。可以认为，至少自此而起，中国音乐生产的空间就不仅仅是地球，而且扩大到重力环境与地球不同的，只要人可以到达的浩瀚无垠的太空天外、天宇——中国音乐生产等音乐的历史也展开了在太空的崭新一页。

原载《艺术百家》2015年8月

中国音乐史学史在新时期的四项学术进展（选摘）

　　新时期中国音乐史学史的明确提出与学术发展，是中国音乐史学自身研究的重要事情，它推动了大家对中国音乐史学的认识，积累了丰富的中国音乐史学的历史学问，在中国音乐史学宏观研究与微观研究、中观研究与诸多新领域研究等方面取得多样的进展，出版发表了数以百计的论著，并且随即在音乐史学专业教育中发挥了作用。

　　因而，中国音乐史学史是了解、认识、掌握、发展中国音乐史学十分重要的部分，是中国音乐史学基础的、必不可少的组成部分。

　　对史学史、音乐史学史，常有广义与狭义之说，狭义的史学史以史学著述和史学思想、史学家、史学事件等为研究对象。本文主要说狭义的中国音乐史学史，即以音乐史学为对象的历史研究（包括以音乐为对象的历史认识、记叙、著述等），它不同于以音乐为对象的历史研究，即通常所说的音乐史研究。音乐历史学问发生、发展的历史就是音乐史学史。作为一种国别的音乐史学史——中国音乐史学史，是中国音乐史学的组成部分，它从历史的视野认识中国音乐史学。

一、中国音乐史学史研究的明确提出与有关工作

（一）中国音乐史学研究的简单回溯

　　对中国音乐史学的讨论、研究渊源很早。古代，就有了多样的、对音乐的历史记录和对音乐历史记录的多种体裁形式；对音乐记录相关的问题产生了种种讨论，这些讨论推进了以分类记叙为主的传统音乐史学的发展，尤其是二十五史中的涉乐志书编撰。

　　民国时期，在新文化大潮中，有了对新史学新的音乐史记录、音乐史分期、音乐史著述的讨论，这些讨论促进了音乐史观念、章节体音乐史学的产生与发展。从叶伯和到王光祈，民国时期的多种中国音乐史书，大多

采用这种新的、比传统音乐史学简要的乐史体制。新史学思潮对新音乐史建设，如新音乐运动史研究、新音乐运动史课程也有其重要的影响。

"文化大革命"前，全国性机构——中国音乐家协会组织讨论音乐史学问题，这是中国历史上，音乐史学工作的一大进步。它显示了国家政权对音乐历史问题重视之下的又一重要的工作形式。这种我国音乐史学工作的新形式在古代、民国时期均未有过。这一时期结集出版了音乐史学讨论的论文专集——音乐史学论文专集，记录了那时人们对音乐史学问题的许多看法。这本深印着历史印记的书刊，是记录与反映着当时音乐史学的重要文献。

新时期，杨荫浏在其代表作《中国古代音乐史稿》的书后以及多次谈话中，对中国古代音乐史乃至中国音乐史问题，对音乐历史研究、著述等发表了重要看法。吕骥（1909—2002）、赵沨（1916—2001）、于润洋（1932—2015）、吉联抗（1916—1989）、蓝玉崧（1925—1996）、冯文慈（1926—2015）、汪毓和（1929—2013）、夏野（1924—1995）、陈聆群（1933—2018）、周畅（1931—2018）等许多老一辈音乐名家、音乐史学家从不同角度对音乐史认识与著述的诸多问题发表看法，提出了很多有价值的意见；众多中青年音乐史学家发表了立足于创新的许多新见解，尤其是音乐史学方法、音乐史学发展、新的学术领域的开拓等，对推进音乐史学在新时期及其后的持续发展起了很好的作用。如《中国音乐学》的音乐史学方法论学术讨论会及其系列文章，对当时音乐史学界的思想活跃、新的发展起了一定的作用，促进了人们从不同角度思考中国音乐史著述的诸多问题。

（二）"中国音乐史学史"研究的明确、完整的公开提出

根据目前笔者所见材料，中国音乐史学史研究的明确、公开提出，不迟于1987年10月在江阴召开的中国音乐史学会议。

1988年1月，中国音乐史学会副会长、中央音乐学院音乐学系主任蓝玉崧先生在《音乐研究》开篇题为《对近年来中国古代音乐史学发展的一

些思考——在江阴中国音乐史学会议的发言》一文中，对这次江阴中国音乐史学会议做了简要总结。文中有两处提到中国音乐史学史。他认为，中国音乐史学史问题提出来了，并对初现的中国音乐史学史论文提出了两个评价，即"对史学史的评价分析还是公允的""在史学方面，对半个世纪以来的音乐史学的得失进行了一些分析，做出较为公允切实的评价，对目前的研究方法作了一些反思"等。

　　1986年10月在江阴召开的中国音乐史学会议，是一次规模较大、在中国音乐史学历史上具有重大意义的全国性音乐史学会议。蓝玉崧先生文中所说的对史学史的评价分析，该文明确提出以下几点：（1）明确"提出中国音乐史学史的研究问题"。（2）提出"中国音乐史学应包括对音乐的历史研究与对音乐史学自身的研究两个方面"。这就区分了以音乐为对象的历史研究——中音乐史研究和以（狭义）音乐史学为对象的历史研究——中音乐史学史研究。（3）中国音乐史学的历史可以分为古代、近代、现代、当代四个阶段以及各阶段的主要特点。这样，该文初步明确了中国音乐史学史学术研究的领域、目标、分期和初步的相关评价。该文在江阴会议上发表后，随即引起了乐界的注意。江阴中国音乐史学会议特意在该次会议简报中予以专门报道。"中国音乐史学会议简报（二）"的专门报道如下：

　　郑锦扬在发言中提出中国音乐史学史的研究问题。他提出中国音乐史学应包括对音乐的历史研究与对音乐史学自身的研究两个方面：中国音乐史学目前可分为古代、近代、现代、当代四个阶段。古代史学包括以器物为标志的音乐史学和以文字著述史学成果为标志的音乐史学。古代音乐史学经历了论乐文字、专门音乐文献、古乐文献与专门音乐史论几个史学阶段。微观研究与记述是这一时期的特点。近代史学在史学思维出现新的进展。现代史学有两大历史进展：一是不少通史著作的出现，标志着音乐史学的成熟，另一方面是新音乐史学的进展。中国音乐史学的进展要重视史学本身的研究，尤其是史学史的研究。

注：这次会议期间，成立了中国音乐史学会，并决定此前1984年在兰州成立的高师中国音乐史学会并入中国音乐史学会；举办了第一次全国大学生中国音乐史论文评奖活动。

中国音乐史学史专文的发表和中国音乐史学史的含义、中国音乐史学史和中国音乐史的区别、中国音乐史学史可以分为四个阶段与三个阶段之说、对中国音乐史学史（古代、近代、现代）的得失分析的提出与论述，获得了音乐界、学术界的好评。中国音乐家协会主席、中国新音乐运动史课的首讲者吕骥先生以"令人十分高兴"的态度，表示同意该文作者对中国音乐史学史三个阶段的分期。会后，《音乐研究》发表了郑锦扬《中国音乐史学的第三个阶段》，及其在大会上发表的《中国音乐史学史初探》的现代部分。

1986年的中国音乐史学会议，是中国音乐史学史研究中具有重要意义的一个开始，在中国音乐史学史学术研究与学科建设方面都具有里程碑式的意义。之所以说1986年江阴会议在中国音乐史学史学术历程中有重要意义，是因为1986—1988年，围绕着在江阴举行的中国音乐史学会议发表的《中国音乐史学的三个阶段——中国音乐史学史初探》这一专文，出现了一系列具有创新意义的音乐史学工作。这些工作，构成了中国音乐界历史上第一次认真而具有重大影响的中国音乐史学史研究活动，并对其后几十年中国音乐史学史研究产生了深远的影响。这些工作主要是：

其一，郑氏《中国音乐史学史初探》一文在江阴全国性中国音乐史学会议上发表，并明确提出中国音乐史学史研究问题，对古代音乐史学、近代音乐史学、现代音乐史学做分别的讨论、分析、评价等。这是全国性中国音乐史学会议上，首次有中国音乐史学史为标题的长文发表（该文2万余言）。

其二，中国音乐史学会副会长、中央音乐学院音乐学系主任蓝玉崧先生在《音乐研究》季刊发表对该次会议的总结，并对郑氏中国音乐史学史初探文进行公开的评论、褒评。这是权威音乐季刊、著名音乐史学家首次对中国音乐史学史研究专文的公开评论。

其三，《音乐研究》发表的《中国音乐史学的第三个阶段》，虽然不是对江阴会议郑氏论文的全文发表，但是也在万字以上。这是我国权威性学术季刊首次刊发中国音乐史学史——现代阶段的宏观研究长文。

其四，中国影响最大的复印类音乐舞蹈刊物、中国人民大学在北京出版的《音乐舞蹈研究》全文转载了《音乐研究》刊发的《中国音乐史学的第三个阶段》一文。这既是对该文的一种关注与选择、肯定，也是中国复印类刊物首次全文转载中国音乐史学史论文。

其五，中国音乐家协会主席、中国音乐史学会顾问（首届）、首次开设中国新音乐运动史课的吕骥先生，亲笔写中国音乐史学史论文的信以及对郑氏论文的评论是中国音乐史学史的珍贵文献。这是我国音乐界领导、著名音乐理论家首次以手写书的形式，对中国音乐史学史研究论著的关注、嘉许与介入。

稍后的1992年，中国音乐家协会副主席、中央音乐学院院长赵沨先生以亲笔复信和发表短评（对武汉音乐学院学报《黄钟》发表的郑氏《中国音乐史学的起源与早期面貌》文）等形式写下了对郑氏中国音乐史学史书文的看法。

（三）1985—1995年中国音乐史学史的有关工作

1. 贯通认识。从文献着手，对中国音乐史学史进行贯通性的初步认识与研究。从1985年起，陆续有郑锦扬《中国音乐史学三个阶段——中国音乐史学史初探》（江阴，中国音乐史学会议）、《中国音乐史学的第三个阶段》（《音乐研究》1988年4月），中国人民大学《音乐舞蹈研究》1988年10月全文转载）；朱舟《叶伯和〈中国音乐史〉述评》（《音乐探索》1988年第1期）与洛秦《郑觐文〈中国音乐史〉述评》（《交响》，1988年第1期）；郑锦扬《中国音乐史记述与研究的主要历程》（《艺术论丛》，1989年）、《先秦音乐史学的历史进程（上、下）》（《交响》1988年第4期、1991年第4期连载）、《中国音乐史宏观研究的时空视野》

（《中国音乐》1990年1月，《音乐舞蹈研究》1990年1月全文转载，《高等学校文科学报文摘》1990年4月摘转）、《音乐史学研究纵观》（《中国音乐年鉴·1994》）等论文出现。

2. 立项研究与成果获奖。据目前所了解，中国音乐史学史最早的几个课题立项分别是：1989年"中国音乐史学史"列为福建师范大学青年科研项目，1995年"中国音乐史学概论"列入福建省社会科学"八五"规划（1995年项目）。中国音乐史学史最早的论著获奖是：1994年，论文《中国音乐史学的第三个阶段》获得福建省政府颁发的"第二届福建省社会科学优秀成果奖"。这应是中国音乐史学史成果首次获得省部级学术成果奖。中国音乐史学史省部级课题立项与研究论著获得省部级社科成果奖，标志着中国音乐史学史学术研究在新时期的一种进步，中国音乐史学史研究进入了新的学术阶段。

3. 中国音乐史学史论的出版与研究生课程的开设。1993年2月海峡文艺出版社出版了郑锦扬的《音乐史学美学论稿（上）·中国音乐史学史论》；1994年，中国音乐史学史课列入福建师范大学音乐学（中国音乐史学及其教育）硕士研究生课程。

中国音乐史学史的开拓与进展，引起了学术界的颇多注目。中央音乐学院院长、著名西方音乐史学家于润洋先生，不仅注重对中国音乐史学史的开拓性研究，还提出了他的看法。他在一份材料中写道："郑锦扬同志在中国音乐史学，特别是中国音乐史学史领域中取得的成果，在我国音乐史学界引起了同行们的关注与好评。中国音乐史学史在我国是一个新的学科领域，长期以来未受到足够的关注。郑锦扬同志在这个领域所做的研究和取得的成果，是具有开拓性意义的。"

二、中国音乐史学史的宏观研究与微观研究

（一）宏观研究

本文把以中国音乐史学史整体为对象的研究称为中国音乐史学史的宏观研究。新时期，这种研究有明显进展，至少产生了以下五种不同视野的

中国音乐史学史的宏观研究。

1.以音乐史学史整体为对象的视野。把中国音乐史学史整体作为对象的研究，明确其分段，如把中国音乐史学史分为四个阶段：古代、近代、现代、当代音乐史学的研究。现见此类视野的最早论文是《中国音乐史学的三个阶段——中国音乐史学史初探》（1986年中国音乐史学会议），此文2万余言，是这种视野的长文、要文。该文开首第一段就写道："中国音乐史学的长卷可分为四个阶段：古代音乐史学、近代音乐史学、现代音乐史学、当代音乐史学。"本文讨论前三个阶段。

现见此类视野的最早著作是《音乐史学美学论稿(上)·中国音乐史学史论》（全书约23万字）。这与中国当代历史学通行的把中国通史分为四段的学术视野大致相同。这种划分的好处是，比较方便与相应的社会阶段的文化艺术、学术思潮相联系地观察问题。

2.以中国音乐史学整体为对象的视野。如《音乐史学研究纵观》（《中国音乐年鉴·1994》）与《中国音乐史学》（《音乐学概论》，2005年），两文均不短。因为概说中国音乐史学，也就有了从历史的观点与视角来叙述的部分。

3.以中国音乐史著述为主要对象的纵向视野，对中国音乐史学所作的历史观察与讨论。如《中国音乐史记述与研究的主要历程》（《艺术论丛》，1989年）。音乐史学史研究最重要的信息载体是中国音乐史著述文献——《乐史书文》。这个视野的研究，是中国音乐史学史研究必不可少的、基础的部分。当然，中国音乐史学史上的著述研究，大量的工作与成果是对一本本、一篇篇重要乐史文献的研究。

4.以中国音乐史学问整体与知识体系为对象的纵向视野，追寻中国历史上八种主要音乐历史学问的先后产生，探讨中国音乐历史学问形成的原因及其相关因素；探讨中国音乐历史学问的内部结构，了解中国音乐史学历史发展的过程；探讨中国音乐历史学的知识体系，从信息载体、时间视野追溯其形成等。如《中国音乐史学的八种学问》（《人民音乐》，2004年，2006年中国社会科学院《中国学术年鉴》全文转载）。

5. 以中国音乐史研究整体为对象的学术视野。如《中国音乐史宏观研究的时空视野》（1990年《中国音乐》，《音乐舞蹈研究》全文转载）。这是对中国音乐史学研究活动、学术思维、学术工作的研究。这种以中国音乐史研究为对象的研究，涉及中国音乐史研究的历史、研究的视野、研究的方法、研究的得失、研究的发展等，是音乐史学提高、发展必不可少的一种学术研究。

以上从不同出发点、采取不同学术视野对中国音乐史学史的宏观研究，是新时期中国音乐史学史可喜的学术收获。这种宏观视野的研究，对于新的交叉性质的音乐史学史有着尤为基础性的意义。在冯文慈、汪毓和、陈聆群、王子初、戴嘉枋等许多音乐史学家的论文集中，也有着对中国音乐史学及其历史的诸多角度不同、所论有异的宏观见解。冯文慈、夏野、汪毓和、周畅、伊鸿书等名家也在他们的文章、书信中，阐述着对中国音乐史学史论著的看法。

1985—1995年，作为中国音乐史学史研究的明确提出与宏观、中观、微观研究的初步阶段，学术工作并不是个别人的个别行为。不少著名音乐家、史学家关心、支持、热情扶助年轻学者的有关工作。吕骥、夏祖恩、冯文慈、汪毓和、夏野、孙继南、周畅、王耀华、伊鸿书等名家均亲笔撰书，对中国音乐史学史的立项、著作出版等予以推荐，对中国音乐史学史论文、成果予以评论嘉许。尤其是吕骥先生百忙之中的亲笔荐言，西方史学史专家夏祖恩先生的铁笔书函，冯文慈先生、夏野先生等数页的工整详评，以及他们对中国音乐史学史的真知灼见、对后学的大力扶持等，令人油然而生敬意，并给中国音乐史学史的研究带来具有重要意义的指导和有力的推动。中国音乐史学史的开拓与发展不是个人的行为，它凝聚着许许多多音乐界、史学界、学术界领导和专家们的心血，殷切的目光中、灯下的疾书中、往来的书信中，饱含着学术界的共同心愿：中国音乐史学史作为中国音乐史学的一种学问、学术，一个领域，一门学科，必须得到较好的发展。

中国音乐史学史的开拓与发展不只是音乐界的劳动，史学界、文学史界等学术界的专家也有其贡献。例如，王小盾先生及其指导的多位博士以乐志等音乐文献为研究对象的学术研究，成绩斐然。又如，给我一生留下极为深刻印象和感怀的一个"火炉"福州的下午（以中国音乐史学史为缘、为主题），我登门请教复旦大学历史系高才生、西方史学史专家、历史系书记夏祖恩教授。于是，两个人打赤膊、摇蒲扇，我对他说着几篇之后写不下去的苦恼，他给我说着石片也是史料等历史学的知识……这是历史学教授对一个初次见面的年轻音乐教师求助的答疑解惑。年轻人没有礼数，不期而至，两手空空，冒昧登门；先生第一次见面，大汗淋漓中叫着脱衣畅谈，孜孜不倦。我如同喝着清凉甘饮，滋润得心底透凉。听语之际，畅快至极。回家后，我接连写下了多篇音乐史学史专文。此外，历史学界的多位著名专家也给予了多方面的指教与帮助。

至今，中国音乐史学史宏观研究虽然已经有了多种视野的专论，也有了不少具有新意的研究，但集大成的、综合性的中国音乐史学史专著还未出现。现今最早的、以中国音乐史学史名书的理论著作是郑锦扬的《音乐史学美学论稿（上）·中国音乐史学史论》。其中包括把中国音乐史学史分为四个阶段的长文和对古代、近代、现代、当代音乐史学的多种论文。所以，该书虽论及从古至今的中国音乐史学，却仍然以"中国音乐史学史论"名书，即它是一本论文集，还不是完整的中国音乐史学史专著。从1985年郑氏撰著《中国音乐史学史初探》，1993年结集中国音乐史学史论文出版《中国音乐史学史论》以来，其历中国音乐史学史研究已经32年，至今年已过六旬。

（二）微观研究

新时期，中国音乐史学史学术进展显著、发表成果最为丰富的领域是微观研究。这种进展与研究至少可以列举出以下四种"热"。

1.涉乐名著研究热。以中国历史学、古籍名著等涉及古乐的中国文化典籍为对象的研究，是追寻乐史信息尤其是上古乐史信息的重要方法。在上古这个专门乐史文献极少的时代，涉乐典籍的研究对了解那个时代的乐史有着非凡的意义。上古涉乐典籍研究以周代要籍《吕氏春秋》及其古乐篇、音初篇的研究最为引人瞩目，郑锦扬、王军、尚红、席雯婷、林一言、李宇博与吴超、张一中、詹璐、郭冬冬、翟小兵等数以十计的学人，从不同立场、视野，采用不同方法进行讨论研究。如此这般针对一种古代涉乐文献的大量研究专文的问世，说明新时期的中国音乐史学文献研究进入了前所未有的繁荣期，新时期的古代乐史资料探寻在乐界得到了充分的重视、新时期的古代乐史之学有了显著的进步。这种研究，也出现在其他上古涉乐典籍。如对《周易》即易经的研究、对先秦诸子的研究，都取得了不少乐学、乐史之学的成果。

2.音乐史志研究热。以古代乐史专门文献为对象的研究，尤其是被称为官方史书的二十五史及其乐志律志的研究，在新时期受到高度重视；书文迭出，成果丰硕。周代及其后历代重要的专门乐史文献或重要的涉乐文献几乎都有了专门论文、学位论文甚至专门著作予以著述。古代专门的乐史文献研究已经成为古代音乐史学研究的热点。如魏晋时期的著名史书《宋书》以及《宋书》中的乐志、律志，就有了许多重要的基础工作和学术研究，是一个热点。如校注、翻译，就有了苏晋仁、萧炼子的《宋书乐志校注》（齐鲁书社，1982年）的专门校注和包含了宋书乐志注译的综合性古籍工作。如丘琼荪校释的中国古代音乐丛刊《历代乐志律志校释》（人民音乐出版社，1999年，此书包括宋书乐志1—4章）与刘蓝辑译的《二十五史音乐志》等。对宋书、宋书乐志、宋书律志的研究则可以用"花团锦簇""百花齐放"来形容。如以《宋书》中的乐志、律志为对象的研究专文，举其要就有郑锦扬《〈宋书〉乐志律志的音乐史学研究》（《黄钟》，1993年），以宋书乐志或乐志中的内容为对象的研究更多，如卿三祥《刘宋鼓吹铙歌三首解读》（《文献》，1996年）、田青《沈约及其〈宋书·乐志〉》（《中国音乐学》，2001年）、王小盾《正史乐志律志的学术意义——〈两唐书乐志研究〉〈宋史乐志研究〉的方法与途径》（《黄钟》，2005年）、马萌《〈宋书·乐志〉歌诗"援俗入雅"倾向及其原因》（《殷都学刊》，2007年）、张海婧《〈宋书·乐志〉的音乐史学价值》（《文艺生活·文艺理论》，2009年）、翟景运

《〈宋书·乐志〉与汉魏六朝乐府歌诗》（乐府与诗歌国际学术研讨会，2009年）、李螯《〈宋书·乐志〉所载〈白头吟〉曲辞校笺——兼论大曲的体制及对有关音乐文献的理解》（《乐府学》，2012年）、王小盾《论〈宋书·乐志〉所载十五大曲》（《中国文化》，1990年）、黎国韬《〈宋书·乐志〉十五大曲流行年代补证——兼论〈阿干之歌〉与〈真人代歌〉》（《艺苑》，2015年）、陈彦兵《浅谈〈宋书·乐志〉中音乐文献的突破性进展》（《金田》，2015年）、粟阳阳《〈宋书·乐志〉所载雅乐、俗乐变迁考论》（《鸭绿江学刊》，2015年）等对乐志、律志等古代专门的音乐史志和涉乐史志的研究是古代乐史、乐论、乐书的重要内容。因此，音乐界、史学界、文学界、学术界等有关学科、界别的人士，从不同立场、视野大举进入，成果非凡。

特别值得提出的是，新时期对二十五史乐志律志的研究，不仅出现了如刘蓝辑译《二十五史音乐志》的个人之著，更出现了以博士学位论文为基础、为主的系列专著。乐志律志研究书系、乐志律志博士学位研究论文均是此前所未有的。它们从不同角度说明：新时期的音乐学术、音乐史学研究进入了比以前更高的层次、新时期对古代乐史著作的研究出现了比以前更重要的系列成果、新时期的音乐史学史研究有着更厚重的学术积累与成果底蕴。在这里，沉甸甸的二十五史乐志律志研究书系是特别值得提出来的。如李方元博士论文基础上的专著《宋史·乐志研究》（上海音乐学院出版社，2004年）、王福利博士论文基础上的专著《辽金元三史乐志研究》（上海音乐学院出版社，2005年）、温显贵博士论文基础上的专著《清史稿·乐志研究》（湖北辞书出版社，2008年）、陈万鼐《清史稿·乐志研究》（人民出版社，2010年）、孙晓辉博士论文基础上的专著《两唐书乐志研究》（上海音乐学院出版社，2015年）等都是所在课题分量颇重的研究成果。这些专著也是相应音乐史志研究，具有重要意义的学术之作。这些音乐史志研究专著的出现，为认识和整理古代音乐史学遗产奠定了新的厚实基础，为中国传统音乐史学体系的重现提供了新的可能，为古代音乐史学史建设添上了浓重的一笔。因为，中国古代音乐史学最重要的特征之一是在中国历史学怀抱中的生发，而后走向独立、成熟；而且音乐史志又是历代名儒硕学所为，其历史智慧、乐律才学、社会影响在相应时代堪称大家。所以，历代音乐史志研究在古代音乐史学中，是聚集最多乐史信息的文献，也是古代音乐史学史研究的一大重点。

3.私家乐史、乐论研究热。新时期对私家乐史著作和涉及乐史的私家书籍的研究有显著进展。如果说二十五史代表着官方的历史观、乐史观、学术观，私家乐史则融汇着个人的意识，连接着官方与民间，是音乐史学研究又一重大的学术对象、研究领域。因此，这方面的研究，在新时期颇为引人注目，也有显著进展，如对北宋朱长文的《琴史》专著的研究，就引起多方关注，并发表了许多研究成果，成为对《琴史》研究进步最大的时期。朱长文的《琴史》是中国历史上第一部琴史专著、第一种个人编撰的音乐专门史，是中古乐史最重要的个人专著，在中国音乐史学史上也有着重要的学术地位。据初步整理，以朱长文《琴史》为对象的研究专文数以十计。举其要者有研究专文：郑锦扬《朱长文〈琴史〉初探（上、下）》［《交响》，1993年第2期、1993年第3期连载：收入《音乐史学美学论稿（上）》］、俞飞《儒学视野中的朱长文琴学思想探析——以〈琴史〉为例》（《音乐探索》，2011年）、张小娟博士《建国以来的朱长文〈琴史〉研究》（《吉林艺术学院学报》，2012年）、庄焕明硕士学位论文《朱长文〈琴史〉研究》（杭州师范大学，2014年）、尚明利《北宋音乐大师朱长文作品承前启后的历史意义研究》（《兰台世界》，2014年）、崔伟《宋朱长文〈琴史〉古琴理论初探》（《人民音乐》，2015年）、刘佳《四部琴史文献的比较研究》（《音乐探索》，2017年）、韩伟《朱长文〈琴史〉综论》（《音乐探索》，2017年）等。涉及朱长文《琴史》研究的书、文则有：许健《琴史初编》（人民音乐出版社，1988年）、张斌博士《宋代的古琴文化与文学》第四章《朱长文与他的〈琴史〉》（复旦大学出版社，2006年）与《宋代古琴音乐文化考论》（南京大学出版社，2014年）、章华英《宋代古琴音乐研究》（中华书局，2013年）等。

此外，对古乐名著《乐记》《声无哀乐论》《溪山琴况》，对与中国唐乐、乐志、乐器关系密切的朝鲜古代名著《乐学轨范》等著作的研究，也在20世纪90年代前后引起乐界关注，并各发表了数以十计的论文、专著。这方面的代表作是蔡仲德著《〈乐记〉、〈声无哀乐论〉注译与研究》（中国美术学院出版社，1997年）、徐海准著《〈乐学轨范〉唐部乐器图说之研究》（华中师范大学出版社，2015年）等学术专著。虽然这些古乐名著的内容与古代乐史的内容有异，仍然不同程度涉及了乐史、乐史编撰、音乐史学思想等古代音乐史学的不少问题，有着重要的音乐史学价值。

4. 音乐史学家文集出版热。新时期，音乐史学家个人论文集的出版数量远远超过古代、近代、现代（1912—1949年）、当代（1949—1989年）等时期，可谓前所未有。这是时代文化艺术进步的缩影，也是新时期音乐史学发达、学术繁荣，研究队伍空前壮大，出版传媒系统进步的又一标志。如出版社方面，大部分省增加了文艺出版社；高校音乐出版社多了好几家（如中央音乐学院出版社、上海音乐学院出版社等）；许多出版社增加了艺术、音乐出版力量（如西南师范大学出版社、广西师范大学出版社等），或增加机构，或聘用音乐专业研究生，或扩大音乐史学、理论、博士生项目等。上海音乐学院出版社的音乐学家书系、音乐博士论文书系，取得了很好的业绩与影响。这些出版领域的繁荣也推动和促进了音乐史论著作、音乐史论名家个人文集的出版。由于收入文集的论文，大多属于对某个音乐史学问题（如对名著、著述，或名家及其思想理论，或某个音乐问题）的思考研究，这些论文集总体而言多数属于音乐史学微观研究范畴。由于收入的论文都经过专家自选，所以这些音乐名家个人文集也可称为音乐史学家自选集。这些以个人音乐史学为主的文集代表着著作者的学术水平；而且这些出版论文集的作者大多是55岁以上的音乐史专家教授文集所收，汇集了专家学者几乎一生的乐学智慧。这批个人论文集作者群体的水平，也是新时期音乐史学水平的重要标志，值得高度重视。如于润洋先生《音乐史论问题研究》（福建教育出版社，2002年）、李纯一先生

《困知选录》（上海音乐学院出版社，2004年）、王子初先生《残钟录》（上海音乐学院出版社，2004年）、秦序先生《一苇凌波》（上海音乐学院出版社，2004年）、陈应时先生《中国乐律学探微》（上海音乐学院出版社，2004年）、《面临挑战的反思——戴嘉枋音乐文集》（上海音乐学院出版社，2004年）、冯文慈先生《中国音乐史学的回顾与反思》（上海音乐学院出版社，2005年）、汪毓和先生《音乐史学研究与音乐史学批评》（人民音乐出版社，2009年）、林萃青先生《宋代音乐史论文集》（上海音乐学院出版社，2012年）、陈聆群先生《八十回望——我的音乐历程》（上海音乐学院出版社，2014年）、郑荣达《声律乐调别论》（上海音乐学院出版社，2017年）等都是其中的佼佼者。

此外，数量可观的音乐家文集，虽然不以史名书、不以史学为主，也涉及不少中国音乐史学问题，是研究当代音乐史学和相应时代乐史的重要学术材料，也是值得充分注意的。

三、中国音乐史学史的中观研究，尤其是分段研究

（一）中观研究

本文的中观研究，系指中国音乐史学史宏观研究与微观研究之外、介于二者之间的部分。中国音乐史学中观研究是宏观研究与微观研究所不能替代的，认识中国音乐史学宏观问题与微观问题的重要领域。由于中国音乐史学史跨度太大、涉及时间很长，只有宏观研究与微观研究是不足以认识清楚的。所以，中观研究就越发显得重要。在中国历史学里，学科领域成果著作、教材，比宏观研究更多的是中观研究，尤其是分期研究的成果——中国古代史、中国近代史、中国现代史的成果。

（二）分段研究

新时期，中国音乐史学史的中观研究，有了显著的进展，出现了一些重要的成果，对宏观认识中国音乐史学起了很好的作用。

举其要者，中国音乐史学史的中观研究专门著述，有郑锦扬在中国

古代音乐史学史方面的《中国音乐史学的起源与早期面貌》（《黄钟》，1992年第1期）；《先秦音乐史学的历史进程（上、下）》（《交响》，1988年第4期、1991年第4期连载)和《先秦诸子的音乐史学思想》《两汉的音乐史学思想》（均收入《中国音乐史学史论》，海峡文艺出版社，1993年）。中央音乐学院院长、《音乐研究》主编赵沨同志曾以"成于乐"的笔名在《音乐研究》1992年第1期（第98页）发表评论，对《中国音乐史学的起源与早期面貌》的讨论专文，提出了自己的看法，称"武汉音乐学院学报《黄钟》1992年第1期，刊载了郑锦扬《中国音乐史学的起源与早期面貌》，文中把早期中国音乐史学划分为：（一）中国音乐史学之初的逆向追溯——文字史学与口头史学的源头；（二）中国音乐史学之初的顺向观察——表现形态的变更，把《吕氏春秋》中的古乐篇作为逆向追溯的代表……提出了一个有意义的框架"。郑锦扬在中国当代音乐史学史方面的《中国音乐史学四十年》（10万余字），汪毓和先生将其收入《中国现代音乐史（修订版）》重要参考文献目录。1998年人民音乐出版社出版郑祖襄的《中国古代音乐史学概论》（全书14万字）、2004年南京艺术学院学报《音乐与表演》第4期发表张静蔚的《中国近现代音乐史学》、2013年华中师范大学出版社出版陈永的《中国音乐史学之近代转型》（全书19.8万字）等都是此类专门著述。其特色鲜明、所论有据，各有建树。

中国音乐史学史的中观研究，重要的著述之一是戴嘉枋主编的《中国音乐史学会三十年》等。该书主旨虽在记述中国音乐史学会的历程，其书所附的、特邀三位学者所著音乐史学史三段专文，也是中国音乐史学史中观研究分期研究的力作。秦序（1948—　）所写的《古代音乐史学》、张静蔚（1938—　）所写的《中国近现代产乐史学》、居其宏（1943—　）所写的《当代音乐研究》三篇所属时间不同、观念有异、叙论兼加，显示了这三位平均年龄74岁的著名学者，宝刀不老、思维灵动、运笔风神和他们对中国音乐史学长期关注的深刻认识、对所论领域的学术把握、对重要问题的真知灼见。而中国音乐史学会，作为新时期最重要的音乐史学组织，作为史学研究与史学建设最重要的推动者之一，作为诸多中国音乐史学活动的组织者和中国音乐史学家群体的核心，其本身的历史，就是中国当代音乐史学史的重要内容。所以，此书在当代音乐史学史研究中具有着特殊的价值与作用。

《中国音乐史学四十年》是郑锦扬为参加在北京太舟坞举行的中国音乐史学会第三届全国会议而作的专文，全文10万余言（也是其一生参加学术会议所写的最长文章。该文收入《中国音乐史学史论》时有所删修）。《中国音乐史学四十年》所述范围为1949—1989年，属于中国当代音乐史学史范畴，是作者试图概说当代音乐史学的长文。全文分为六个部分：一、曲折的历程；二、重大音乐史学问题研究；三、音乐通史学的第二个高潮；四、音乐专史的进步；五、音史料学建设；六、新分支学科、新课题的进展。可见，作者是受到史学学科尤其是中国史学史的影响，努力以当代音乐史学发展过程、主要类别（音乐通史学、音乐专史学、音乐史料学、音乐史学新发展）来叙述当代音乐史学。

《中国古代音乐史学概论》是该书作者郑祖襄在中央音乐学院音乐学系工作时所写，该书14万字，分属四章：第一章中国古代音乐史学概述；第二章中国古代音乐史学史；第三章中国古代音乐史史料学；第四章中国古代音乐史学研究现状。从以上该书的四章之设，可见该书作者试图从音乐史学概述、音乐史学史、音乐史史料学、音乐史学研究现状这四个方面概述中国古代音乐史学，亦可见该书作者的音乐史学史观：史学概述、音乐史史料学、音乐史学研究现状这三个领域，是音乐史学史之外的、与音乐史学史并列的学术领域。

《中国近现代音乐史学》是作者张静蔚试图建设中国近代音乐史学史的一种努力。其论文摘要写道："中国近现代音乐史是中国音乐史学的重要分支。本文从近代音乐史学史的角度，简要地介绍学科发展的全过程，指出在建国后学科起步阶段的'左'的影响；全面梳理了本学科在改革开放以来重要观点和重要文献，以及论文、专著等研究成果；并提供了当前'重写音乐史'的背景及其资料。文章指出中国近现代音乐史学落后了，应注重在学科建设方面花力气。"

《中国音乐史学之近代转型》（华中师范大学出版社，2013年，全书19.8万字）是作者陈永在其博士论文基础上修改成书的。虽然是个专题之作，却可见其是着力于民国时期音乐史学的。其以1895—1949年的音乐史学论之，又以1912—1949年为主。即第一章中国音乐史学的传统承续与近代发轫（1895—1920年）；第二章中国音乐史学的近代转型与发展（1895—1920年）；第三章中国音乐史学的多元汇流与整合（1895—1920年）。

可见，陈著研究范围在中国史学界可属于现代史学或民国史学，即1912—1949年称为民国时期或者现代。从该书的结构亦发现，张静蔚所论之近代与陈永所论之近代的时间范围有所不同。

从以上郑锦扬、郑祖襄、张静蔚、陈永四位教授先后的著述，可见新时期中国音乐史学史中观视野的学术进展。中国音乐史学史的分期研究在音乐史学家中，已经出现了古代音乐史学、近代音乐史学、现代音乐史学、当代音乐史学这四个阶段的重要成果。郑锦扬写于1985年的《中国音乐史学史初探》（1987年10月提交江阴中国音乐史学会议发表）中首先提出"中国音乐史学目前可分为古代、近代、现代、当代四个阶段"的见解，不仅得到业界同行的诸多回应，而且其后学术成果斐然，论著迭出。1985—2013年的28年间，中国音乐史学史分为四个阶段的中观研究，以及其他研究均有重大进展。它从一个小小的学术领域说明着这个时期，不仅是中国稳定、民生改善、国家向好的时期，也是音乐界、艺术界思想活跃、学术繁荣、开拓发展的大好时期。

四、中国音乐史学史的研究生教育

1978年以来，我国的音乐学研究生教育有了恢复与很大发展。新时期最初几年的研究生教育，在中国音乐史学成绩是比较明显的。至于中国音乐史学史与研究生教育的关系，据目前初步了解，在教育层次、课程体系、研究生选题等方面至少有以下方面值得记叙。

（一）硕士教育

据目前初步了解，中国音乐史学史进入研究生教育在1993年及之后。福建师范大学音乐学硕士（中国音乐史学及其教育方向）从1993年起，在1993级至2007级的15届硕士中开设了必修课——中国音乐史学史（专业课），以《中国音乐史学史论》为教材。后来，中央音乐学院也开设了中国音乐史学史课（据梁茂春先生说）。结合中国音乐史学史课，调整硕士生3年全程的专业课结构，形成以《中国音乐通史》《中国艺术史》《中国音乐史学概论》《中国音乐史学史》四门课程为核心的中国音乐史专业方向硕士课程体系。这对硕士研究生的知识结构、学术视野产生了好的影响，也较快地把中国音乐史学史研究成果应用到研究生教学中来。

（二）博士教育

中国音乐史学及其历史——中国音乐史学史的博士生教育，是新时期研究生教育一件值得注意的事情。1978年以后，中国的研究生教育从"文化大革命"前只有硕士生教育，增加了博士生教育，形成了各个层次齐全的、完整的音乐、音乐学教育体系。中国艺术研究院的杨荫浏、中央音乐学院的廖辅叔两位资深音乐史学家成为全国第一批音乐理论类、中国音乐史博士生导师。中国古代音乐史博士生教育首先得到开展。继中国古代音乐史博士生教育后开展的音乐史博士教育是：中国近现代音乐史教育，代表人物是中央音乐学院的汪毓和教授、上海音乐学院的陈聆群教授等。继这批老专家之后，中国艺术研究院的王子初，上海音乐学院的陈应时、洛秦、赵维平、冯长春等相继成为中国古代音乐史博士生导师；中央音乐学院的梁茂春、戴嘉枋、蒲芳，中国艺术研究院的李岩等成为中国近现代音乐史博士生导师。以上三院之外，中国音乐史学在综合性大学的博士教育发展（据初步调查）始于福建师范大学。该校1995年获批音乐学博士点，是全国（大陆）第四个音乐学博士点。郑锦扬由此成为中国大陆综合性大学第一位中国音乐史学博士生导师（2003年）。继福建师大之后获批音乐学博士点的首都师范大学、南京艺术学院、中国传媒大学、北京师范大学、哈尔滨师范大学、中国音乐学院、南京师范大学、湖南师范大学、东北师范大学等，至今已超过13所高校、研究院招收音乐学博士生。其中，招收中国音乐史学博士生的博士点过半，如南京艺术学院居其宏、哈尔滨师范大学陶亚兵、南京师范大学徐元勇、中国音乐学院刘勇等。各校中国音乐史学博士招生称谓有异。有的称音乐学专业中国音乐史学研究方向（按目前的学科分类，一级学科：音乐与舞蹈学；二级学科：音乐学；三级学科：音乐史学；四级学科：中国音乐史学，不少单位称之为研究方向）。有的称中国古代音乐史、中国近现代音乐史等。此外，一些综合性大学依托相关博士点，也进行了音乐史博士生教育，如北京师范大学的张晓梅、华南师范大学的冯长春等先后增列为博士生导师。

中国音乐史学史研究的进展和硕士生课程的开课时间较长，使得中国音乐史学史的博士生教育成为可能。以博士论题研究为中心的博士生教育随后出现在多所高校中，多篇研究中国音乐史学史问题的博士论文已通过。例如，张晓娟的博士学位论文《中国弦乐史研究六十年（1949—2009年）》（导师郑锦扬，福建师范大学，2010年，全文28万余字）、陈永《中国音乐史学之近代转型》（导师陈聆群，华中师范大学，2013年，全书19.8万字）。两文一是取纵向视野对弦乐史论著为主的60年弦乐史研究进行考察叙论；二是对民国时期音乐史学进行综合研究，并谈转型。从中国音乐史学史整体看，两文大致为一篇说一条、一篇说一段。立足点不同、方法有异。但是都说明中国音乐史学史已经在不同高校的博士生教育中，成为重要的博士学位论文选题；中国音乐史学史进入中国最高层次的大学教育，而且成效斐然，中国音乐史学史有了年青一代对其进行的细分、深探性质的学术研究。这是中国音乐史学史学术进步和应用进步的可喜标志。音乐史学专业博士生课程方面则形成了以《音乐学文献选读》《中国音乐通史研究》《中国音乐专门史》《中国音乐史学史研究》四门课程为核心的中国音乐史专业方向博士课程体系（以福建师范大学为例）等。

中国音乐史学史的学术发展、研究生教育在硕士与博士不同层次的成功进行等表明：新时期中国音乐史学史已经从1985年左右进入开拓性的学术研究阶段，发展成为2005年左右，中国音乐史学、中国艺术史学一个初步成形的分支学科。

（三）学位论文及相关的中国音乐史学史教育

除了以上两个层次的中国音乐史学史、通史性质的教育，以历史上古今乐史著作为研究对象，作为硕士、博士论文的选题，也是一种重要的中国音乐史学史教育。大多数高校的研究生课程教育，都选择在第2～3学期初定选题。因此，以古今乐史著作为研究对象的学位论文选题，其中国音乐史学史意识、音乐史学史研究，也几乎贯穿研究生全程教育的过程。这方面的中国音乐史学史教育，给研究生留下了极为深刻的学术印记。数以十计的硕士学位论文选题、数篇博士学位论文选题，留下了新时期中国音乐史学史研究生教育的诸多信息，十分珍贵。它们是新时期音乐史学发展在研究生教育方面留下的历史印记，也是新时期音乐史学学术进步与应用进步的重要标志。这些研究生课题研究和通过的学位论文，对一届又一届音乐专门人才产生着影响，并成为中国知网等重要的学术网站向世界公开的成果。它们的上网，将有助于中国音乐史学研究、著述、发展持续且更好地进行。

附注：此文为参加在温州举行的首届"中国音乐史学史专题会"（2017年10月22日）我国首次以中国音乐史学史为题的全国性学术会议而写。文中提及的为新时期中国音乐史学史的拓展做出各种工作的前辈有许多已经仙去。他们是：中国音乐家协会主席、中国新音乐运动史课开讲第一人吕骥，中国音乐家协会副主席、国家艺术教育委员会主任赵沨，中央音乐学院院长、西方音乐史学会会长于润洋，中国艺术研究院音乐研究所首任所长、我国音乐学首批音乐学博士生导师杨荫浏，中国音乐史学会首任会长吉联抗，中央音乐学院音乐学系主任、中国音乐史学会副会长蓝玉崧，中央音乐学院音乐研究所所长、中国音乐史学会副会长汪毓和，中国音乐学院音乐学系主任、中国音乐史学会第3任会长冯文慈，上海音乐学院音乐学系副主任、中国音乐史学会副会长夏野，山东省文联副主席、中国音乐史学会副会长孙继南等。

往事如烟，但精神与业绩不朽。中国音乐史学史和其他音乐学术史将在过去的印迹中，不断向前，在已有的进步与不足基础上继续发展，以告慰各界为此做出过努力的先贤与同道，并奉献出新时代的新篇章。

《中国音乐》2018年第5期选摘

关于八类中国音乐的历史学问

从结构、载体方面的思考

　　中国音乐历史学问渊源于遥远的上古。数千年来，中国古人对前代、当代音乐的记录、评说、研究等活动留下了文献浩繁、思想各异、充满智慧的学问——中国音乐的历史学问。对中国音乐历史学问的追寻成为中国音乐史学界一项经常性的任务，也是笔者十年来在音乐学专业（中国音乐史学及其教育）研究生教育中萦绕于怀的一大问题。以中国音乐的历史学问为对象，从结构的角度加以思考可以发现，各类不同的中国音乐载体有着各自不同的中国音乐信息，对各类不同的中国音乐信息载体的种种研究，形成了诸多比较专门化的中国音乐历史学问，其主要者可如下述。

　　一、先秦典籍中关于伏羲作琴、伶伦作乐等乐事的记录，《吕氏春秋》中关于葛天氏之乐、阴康氏之乐等记录反映了中国文明时代之前的漫长岁月中，氏族社会以及更早的人类社会存在着对过去音乐的许多传说，这些对以前音乐的传说有着具体的内容，反映了一定的乐人、乐事，包含着一定的历史观念，也具有不同的叙述乐史人事的形式。这些传说中的乐人、乐事及其叙述形式对后来文字记录的乐人、乐事乃至乐史起了必不可少的作用。丰富的先秦典籍对中国远古音乐传说的记录构成了世所罕见的中国音乐史学遥远的上源：关于传说的音乐历史学问。这是中国音乐史学问初始的阶段，虽然稚拙，却很重要；虽然不详，却意味深长。它不仅保留了文明时代之前的不少音乐人、事，而且对其后的文字音乐史学之初产生了多方面的影响。

　　二、河南舞阳县贾湖村出土的一批骨笛，以多音孔能吹奏六声音阶、七声音阶及相应的乐曲而著称。从而向世人展示了黄河流域的中国先人约8000年前（用碳14元素测定和树轮校正等判定）的乐器，以及相应的音律演奏笛乐的诸多可能。贾湖骨笛和先前（1973年）浙江余姚河姆渡村出土的骨笛所展示的长江流域中国先人（距今约7000年）的笛乐等情况，使人们对中国远古音乐的了解较之传说所表达的信息更为确切，不少音乐信息还可以从器物得到确证。从而，这些出土的乐器以其自身向世人诉说了比传说更为可信的、文字出现之前的中国音乐。对这类器物的音乐研究成为历史学、考古学和音乐学共同关心和拥有的学术领域。这个部分的音乐历史学问，是科学的音乐史学问、科学的音乐学学问中十分重要的组成部分。其中有一些是科学的、可以验证的。对器物的音乐历史研究形成了以乐器研究为重点的、关于器物的音乐历史学问。

三、青海大通县孙家寨的舞蹈彩陶盆（距今约5000年）以其简约的手法描绘了集体舞蹈的优美姿态和整体的律动。敦煌众多石窟壁画中所展示的魏晋唐宋的众多诗乐、仙乐，古代诸多说唱俑、乐舞俑等，提供了古代中国北方、南方丰富的舞乐、器乐、伎乐等多类古乐的信息。对这些乐画、图像的音乐研究，以古人亲手绘制的可视形象为对象，展示了传说中不能亲见、器物无法言语、文字不能提供的各种信息，形象生动、色彩斑斓、姿容各异地诉说着人们未知的古乐历史。这类对可视形象的音乐研究形成了以音乐图像研究为重点的、关于形象的音乐历史学。

四、商代，中国的青铜冶炼造就了大批精美绝伦的青铜器，中国在物质生产尤其是金属工艺等方面取得了举世瞩目的成就。与此同时，中国人的工艺还在刻画文字、保存信息、记录思想、积累文化方面形成了又一独特的成果，这就是以方块形状、象形及摹声方法为主的甲骨文字。商代人以比龟甲兽骨更坚硬的石器铜器，用力刻下了他们对大千世界、对人类社会尤其是帝王以及一些乐舞、乐器的认识，从而给后人留下了最早的关于音乐的文字文献。这些文献被后人称为乐舞史料或音乐史料。从此，对前代与当代音乐的记录、研究形成了以文字为主要信息载体的一大音乐历史学问。这类学问是现今所见音乐史文献最多、信息最多、形式最多的部分，也是中国音乐史学和世界音乐史学宝库中蕴藏最为丰富的部分，并且关于文字文献的音乐历史学问。

五、从商代的甲骨文以降3000余年，以字记乐、以字说史成为中国音乐史学问的主流。此间，又出现了新的信息载体，这就是从周代就有记载的非文字的记乐形式与方法。战国时期记有节奏的《成相篇》、魏晋南北朝之时宋的记声歌辞（反映了汉人记录歌乐的一种形式）、今见南朝人所传《碣石调·幽兰》名曲对抚琴的记录，以及唐宋元明以来的乐谱等，展现了中华民族在记录听有声、视无形的音乐方面所作的长期努力、多种尝试、非凡智慧和继承先人成就、继往开来、发明创造发展音乐科学的精神。历经数以千百年计的无数尝试，琴谱等乐器谱、燕乐半字谱、工尺谱等逐渐成为中国人记录音乐的技术系统。乐器演奏专用谱(如琴谱等弹拨乐器谱、箫谱等吹奏乐器谱、锣鼓谱等合奏谱)、记录音高的乐谱(如工尺谱等)等形成了种类繁多的中国乐谱系统。这些各有特色的音乐记录体系，记录了不同时代的许多音乐。即使以此索据，也能从乐中了解不同时代的音乐历史以及相关人文的许多情况。因此，对乐谱系统的研究和对记录了音乐作品的乐谱的研究成为一类十分重要的音乐学问，最近几个世纪以来，人们的音乐研究更多地注重了记录作品的乐谱文献，从而形成了以作品乐谱研究为重点的、关于乐谱的音乐历史学问。

六、乐谱的书面符号系统把音乐记录下来，实现了人类记录音乐的一个理想，但是对乐谱的理解却因人而异。截至21世纪初的中外各国所有乐谱都未能全部或充分地把作品的音乐信息全部记录下来，所以也就无法全部再现被记录的音乐作品。人类追求完美的精神在这一领域也得到了体现：不断寻求和建立一种能尽量完整、充分贮存和再现音乐作品信息的形式。这一理想在爱迪生发明留声机(1877年)之后得以实现。以唱片为代表的录音制品在完整地录制与再现音乐方面开辟了崭新的、成功的途径。在中国，音乐被录制为唱片是20世纪的事。现在所见最先被录制的唱片是清末戏曲名家的唱腔。据此，21世纪的人们可以听到谭鑫培、王瑶卿、梅兰芳在近百年前的演唱。唱片当然不只是录唱、录乐，我们参观广东中山县时所常听到的孙中山的演说就是唱片的功劳，但是把人类最美妙的声音——唱乐之声录制下来，无疑是人们对唱片功能的最大肯定，是人类实现对自己审美的重大领域——美妙的人声审美的一大突破，所以尽管唱片功能有许多，录唱是其首要功能，所以这种制品以"唱片"名之。然而，唱片对乐声信息的贮存与再现并不都是完美的。例如，唱针与唱片摩擦所发出的不仅是乐声还有摩擦产生的噪声。如何使之更完美地贮存与播放，成为人们新的追求。随着科技的进展，以化工材料为基础的录音磁带和单卡、双卡等多种结构的录放机在80年代风行世界，继之，是以光作为发声媒介的光盘——CD，它的使用寿命大大超过磁带10年左右的时间，而且光接触光盘发声所产生的噪声极小，对于人来说是根本听不到的，因此，音乐的品质达到了理想的境地，其对音乐信息的录入也达到了空前完整、充分的程度。21世纪初对音乐的领略与研究，除了在表演现场的鉴赏，最完美的就是对CD所录音乐的鉴赏了。于是，20世纪以来出现的对各类音乐制品的研究，形成了以唱片研究为重点的、关于音乐制品的历史学问。

七、人类在追求声音存贮与播放的同时，也追求形象的存贮与播放。由一次照一张相片（照相术，1840年），到连续拍照成为可以不断播放故事的进展，在19—20世纪之间成为影响人类文化生活最大的事件之一。人类由此可以在另一种文化中看到自己和自己身边的故事、艺术创作的故事、大自然的景物与事件，等等。由此产生了与这些故事、人物、自然等相联系的音乐。中国的电影音乐是20世纪30年代前后首先在上海形成的，任光为电影《渔光曲》作曲的同名主题歌是第一首在国际上获奖的电影歌曲。20世纪70年代以来中国的电视以越来越快的速度发展，至20世纪末，成为世界上拥有电视最多的国家，电视进入寻常百姓家的同时，电视音乐也进入了中国社会各阶层的家庭之中。电视音乐迅速成为影响大众音乐生活最有活力的类别。电影音乐、电视音乐这两种配合连续画面的音乐成为近百年来中国发展得最快的两种音乐艺术。于是，产生了关于电影、电视的音乐历史学问。

与电影电视中音乐是配合画面的，不是主要因素不同，是音像制品，首先是20世纪80年代以来迅速发展起来的VCD。它作为音像合一的制品，则主要是以一首歌、一部音乐作品来组织表演、画面的音像艺术。继之而起的是，20世纪90年代出现的音乐电视（MTV）。音乐电视一般是以一首歌的长度、以歌曲的内容来结构表演和音像关系的。从而，VCD与MTV在电影音乐、电视音乐之后，形成了以音乐作品为中心来结构音像关系的、新的音像结合的艺术。与此同时，产生了关于音像制品的历史学问。随着科学技术与音乐艺术、相关文化的发展，音乐信息的记录、存贮与播放必将不断出现新的形式、新的品质。它们对音乐的历史反映也将以与现在不同的新面貌宣示于未来，中国音乐的历史学问必将在关于传说的音乐历史学问、关于器物的音乐历史学问、关于形象的音乐历史学问、关于文献的音乐历史学问、关于乐谱的音乐历史学问、关于音乐制品的历史学问、关于电影电视音乐的历史学问、关于音像制品的音乐历史学问之外再创新的形式，增添新的内容，谱写新的篇章。

《人民音乐》"音乐学探索"栏目，2004年12月；
中国社会科学院《中国学术年鉴》2006年全文转载

诗

古体诗

七月

——读《诗经·郑风·子衿》，仿之

青青碧荷，亭亭绿娑。七月流火，接天放艳歌。
青青碧荷，亭亭漫坡。七月流火，鹭飞为巡梭。
美兮娇兮，在溪湖兮。国色天香，心神往兮。

清清舞莲，枝枝碧妍。静净不染，向阳赤艳天。
清清舞莲，枝枝玉鲜。静净不染，为洁在水仙。
生兮娇兮，在原田兮。一品丽质，心飞遽兮。

扁舟月初，铢衣柳躯。菡萏香舞，万星许丽妹。
扁舟月初，铢衣橹乌。菡萏香舞，鸳鸯俏与凫。
娇兮艳兮，在光影兮。万物交相，天人和兮。

飞雁悲秋歌

——读乌孙公主《悲秋歌》有感，参其韵写飞雁

吾驾北云兮念南方，长鸣离歌兮心内伤。
碧湖西岸兮树梢香，衔泥巧筑兮暖新房。
居家芳土兮今远望，何时乘风兮还故乡。

奔阳关引
——读王维《送元二使安西》有感，依中华新韵作

故城寻道晨曦锦，一片黄沙望古深。

断壁残垣原汉筑，封狼居胥数烽尘。

蜃楼海市呼惊幻，索隐探赜问乐人。

今乘马车疾驶处，不携粮草阳关寻。

巨石勒址几笔红，卅七年土那般痕。

初亲丝路时时喜，夙愿幸酬日日新。

黄水九曲八地好，甘梁瓜肃向西门。

月牙柳舞歌清水，梦入敦煌语画神。

过番曲

忆君向南去，泪湿溪亭北。铢衣桃花红，双燕啼颜色。

南洋迢迢处，帆桅逐浪渡。几时平安岛，馨香棕榈树。

树下捧椰果，椰汁可清甜。采椰入青云，青椰柴门前。

门前榴梿茂，门后果香醉。伏案门内笔，乡诗入秋水。

轻剔椰果思，清白包绢红。心语细细裹，切切付飞鸿。

鸿飞千万里，送至月西楼。楼远不得见，倩影窗那头。

窗牖帘边曲，明眸点如玉。莺燕夜歌里，今又芳草绿。

绿草何芊芊，越海慰君愁。春风可随我，吹拂婆罗洲。

【注】过番下南洋，是清代以来几百年闽粤人寻求发展致富的重要生途。其舍命拼搏，艰辛备至，远乡望亲，可歌可泣。年关将至，读乐府名诗《西洲曲》（32行），依其韵而作。寄马来西亚诸亲。

五北海辞

大风起兮雪纷飞，北海寒彻兮望无归。

使有志兮汉有芳，匈奴恨兮胡能忘。

笳声哀兮渡黄河，空帷梦兮长流波。

金鼓鸣兮凯旋歌，十九春兮衰情多。

气节不亏兮奈我何！

【注】苏武天汉元年（公元前100年）奉命出使匈奴，被扣押十九年。于冰天雪地吞毡牧羊，遭数辱而不降，志气凛然，大节不亏，终被释放回汉。为中华历史上忠贞爱国、气节高尚之典范。夜读刘彻《秋风辞》，依其韵纪之。

近体诗

桃源（二首）

一

桃源故地仲秋游，朱子明堂云外头。

文庙泮桥朝大殿，月池鲤跃碧波流。

三才汇聚永春好，夹岸清溪昼夜悠。

长为诗书金谷盛，闻鸡起舞不知愁。

二

云龙桥上云龙游，龙去云飞溪自流。

飞架新桥巍峨岭，凌空栈道绿波悠。

鹏山俯瞰天门外，丽水长奔向海洲。

只为浮云能蔽日，春秋奋笔不言愁。

重阳

早把平生熬入酒，晚霞醉了雁无休。
酸甜苦辣千般味，南北西东几十秋。
邀月举杯三两外，伴星舞影一时游。
离人浮海家山远，此夜莺歌柳上头。

白露

蒹葭清晓诉初凉，秋水晨风稻谷香。
一路菊芳飘雨叶，几行雁叫向残阳。
丝巾又绣三更短，星斗今番逐夜长。
鱼信飞来双剪烛，河西安在梦无疆。

别晨

曦影相携亭外漫，红桃别李诉云天。
此番南海离家苦，更盼西洋返近年。
几绣荷花星夜里，一怀心绪烛灯前。
恨无彩凤双飞翼，梦乘神船日月边。

秋韵

秋晨蝉切曲梢黄，景色晴时各艳香。
一阵轻云枫韵彩，几番戴月雁歌翔。
荷锄树下埋黄叶，浇水丛中望绿裳。
明日成荫今夜梦，蜂鸣蝶舞忆陈荒。

词

谒金门·望远
——次韵朱淑真《七月》

帘半卷，花叶春风无限。

陌上燕莺云雾浅，歌鸣天不管。

林下群芳竞演，亭外溪流婉转。

晚彩霞辉妆几遍，凭栏尝望远。

蝶恋花·暑凉

柳下清香一缕缕，风卷村前，微漾荷边曲。

新绿山塘如碧洗，青红竞艳神仙笔。

欲问暑炎还几许？天若关情，凉却人间里。

莲藕迎秋秋不语，碧湖点点悄悄雨。

南歌子·与子

碧水漫漫去，轻舟沐雨横。

语星牵斗梦乡萤，谁卷春帘斜倚闻啼莺。

那日声犹在，轻轻一片情。

浅茶香溢醉云英，月上林梢携子望天明。

醉桃源

桃溪竹下忆曾嬉。欣欣圆月时。
几波风向水天吹。和莺和燕飞。
沧海动，又田移。无差两鬓丝。
入冬唱过曲凄凄。数云无雁归。

行香子·春山

细雨村庄。叶聚方塘。又馨风，莺燕徜徉。
三春几许，天布新光。有鹃花红、杏花白、棣花黄。
一半骑墙。两处厅堂。酒旗飘，葱绿山旁。
道深奇兴，竟遇阳冈。那鸡儿啼、蝶儿舞、雀儿忙。

歌

燕歌行·思

鹭岛远乡，读曹丕《燕歌行二首》。立春之夜，步其韵而作；为学习汉魏乐府诗，以歌行旧体之初试。

碧湖芦苇戏清凉，菡萏摇曳无鸳鸯。
柳舞风暖絮飞扬，思君倚栏欲断肠。
绿茂嘉禾恋故乡，莺寻鹭飞在南方。
银盘今挂望孤房，双烛当时岂能忘，
绣绢不知泪沾裳。
为君援琴与清商，低吟锦屏诉来长。
皎皎清影入棂窗，絮语绵绵夜未央。
莺燕三更执相望，长恨人间有河梁。

燕歌行·返

冬去春回燕呢喃，望乡思归路漫漫。
风雨几程苦未言，唯寄浮云诉为还。
千帆过尽潮中颜，铁肩铜肤独不叹。
乡愁诗里心自宽，百业维艰存心肝。
十二时辰常不眠，徒步东西数易难，
俯仰山河星月间。
飞鹭晨声最可怜，流连乡情一路存。

三月飞花柳

—— 读《古诗十九首》之《青青河畔草》，依其韵而作

飘飘馨风里，淡淡鹅黄柳。
翩翩春妆舞，悄悄缀窗牖。
纤纤舞枝粉，娥娥摆袖手。
三月飞絮汝，新花香郊妇。
燕子啼梢飞，旧宇又新守。

北雁歌

—— 步韵汉司马相如《琴歌》

云兮云兮在故乡，吾去远方路菊黄。
沐风雨兮寒霜降，枫红苇落冷水塘。
荒原野丛一时房，此番跋涉万里长。
行行穿空夜未央，夕照七彩啼高翔。
望兮望兮几回回，何时南返见吾妃。
雏子别泣伤不携，念念四季诉与谁。
行行健行自纷飞，河汉远瞩两相悲。

柳之歌

—— 读梁萧衍《河中水之歌》，以新韵而作

鹅黄点点沐朝晖，三月女儿舞风归。
泉泉水岸香微吐，惹得桃李共芳菲。
飘絮轻落绣衣袂，双燕双栖动新姿。
正午对歌向日葵，一叶莲舟语涟漪。
青莲丰美数几枝，鸳鸯缓缓荫下迟。
牧笛几声云中吹，云下紫烟亦相思。

曲

天净沙·村晚

山乡日暮虹霞，铜钟又响惊鸦。
一唤少年四下。坡东麓北，碧水青竹红花。

凭栏人·娥衣

寄去娥衣娥不还，不寄娥衣娥广寒。
寄与四季思，纵逢千载难。

一半儿·荷湖

荷花争放绕湖亭，蜻蜓枝头看碧屏，云下鹭啼三两声。
鲤初惊，一半儿红鲜一半儿影。

中吕·春燕

依着靠着新窝同卧，握着挤着雨落轻歌。
思着想着偎着梦着就五更过。
五更过仍未足，仍未足梦如梭。
君哪！更驻一更妨甚么。

沉醉东风·春日

晨望远红花绿草，对岸萋萋隐隐荒洲。
翠竹滴露青，新雨迎风秀，邀同窗漫步城楼。
几许莺啼燕春游，戏一片儿流云翠柳。

赋

燕子赋

　　为学汉魏诗，略记古诗体：歌吟行引曲辞赋，子夜不禁读。南朝萧绎《采莲赋》乃小赋经典。虽二百零五言，其体物抒情，音节谐美，三段相衔，莲女翩然。更有美态万方，神韵超然，清越湖上，媲美江南。爰仿其风格，试作《燕子赋》。

　　澄澈兮双波，纤腿兮泥螺。紫衣兮画翅，生机兮蓬勃。于是款曲呢喃，交颈厮磨。啄泥不止，啾啾腾挪，寻梭往复，顾递枝末。忽而亲亲耳语，辛劳而兼情；忽而静观细察，注目于远近。其敏赛之脱兔，若缓堪比鹰巡。灵动之巧，有七夕绣女之精细；协谐其妙，如欲夺天工之胸襟。相携于家室之美创，叹匏瓜之无匹，惜牵牛之独处；燕语动天籁之扶摇，有舜夔之神律，奏师旷之俊音。身形快慢，专注于潜藏之志；啼歌吟咏，有成就宫宇雄心。

　　是时馨风晨拂，叶黄娇嫩，珠露染彩身而粼粼；曦破薄雾，柳绿翩舞，芳野迎劳工既燕勤。于塞北，迎春风除旧霜伴草原之鹰笛；居江南，沐细雨花烂漫绘田园之春深。桃红李白，蜂蝶舞花木之丽演；碧草如茵，春晖绘新草如天林。莺歌此起，彼高鸣唱和于云层；阳阿出脱，更幻巧剪影饰溪亭。雕梁画栋，因增春色于晨昏；桃李满园，更宣新筑于能臣。咏歌前程锦绣于晴日，矫布天地美好于如今。

　　于是故地归来之际，尽身沐风雨，融气象万千熙和之境。欣欣往返途中，最喜衔枝泥，染沃野芬芳飘然入云。天地穿梭，展双翅御风而徐疾无阻；原野搜寻，亮杨戳神眼更无角清明。友乡民助农作，而专心致志于除虫灭蚊食蝇。怜旧宅惜东家，故脉脉含情彼梁黄瓦红椽青。

自寻其乐而不扰芳闺书轩，时奉清歌为主人乐赏倾情；于芳草萋萋原上巧播大地回春之曲，在河山林田旷野娇示溢美敏捷之英；为新岁奉献人间所羡之声色别季，替凡人铺展勤劳硕果其风韵扬清。

歌曰：回春小儿女，清脆讴仙曲。庭院隐秀色，三月最生气。天地若燕勤，家园自美丽，最喜啄泥图，赠汝新嫁衣。

歌谱曲谱

亲你
（Küss dich）

作词作曲：郑锦杨
Autor von Wörtern und Lieder:zhengjinyang
德文翻译：张秀美
Deutsche Uebersetzung:Zhang xiu mei
德文配歌：何听宇
Deutsche Hitergrundsongs:He Xin Yu
钢琴音乐：肖婧
Piano Musik：Xiaoling

19
青春的目光　那么炽热　诉说　着不尽　的心语
Der Blick der Jugend So hot
Erzähle　endlose Worte .
25
心　语
Sprachedes Herzens
pp
cresc.
3
31
3
ff
mp

你是勇敢的雄鹰　　　　　　向着病毒肆虐处

Du bist ein tapferer Adler　　　Kämpfe gegen das

搏击　　　　你是可爱的天使　　　每一个微笑都

Virus Du　　　bist ein süßer Engel　　　Jedes Lächeln

伴随着　　精致的护理

wird von　　　raffinierten Pflege begleitet.

歌词：
啊　　生命呼唤
DerRuf des Lebensist

高于天　　让　夏荷与秋菊　装点推迟的婚　礼
höher als der Himmel.　Verzögerte Hochzeit mit Schöne Blumen.

让我 再亲亲你　　　　　亲 亲你　　让我再看看你

Lass mich dich wieder küssen. Küss dich　Lass mich dich wiedersehen.

清纯和温馨的爱　　看看 神州 绽 放　　　　　不 尽

Reine und　warme Liebe　　Schau dir die welt an,　　　　　Der

的春 光

unerschöpfliche Frühling.

长相思

（唐）白居易 词
郑锦扬 曲

1=♭A　4/4

中速，充满感情的

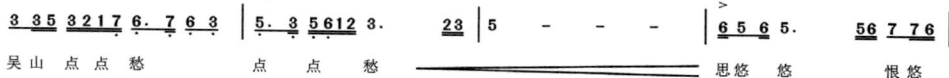

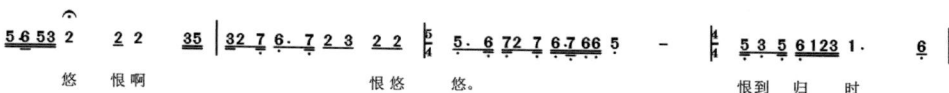

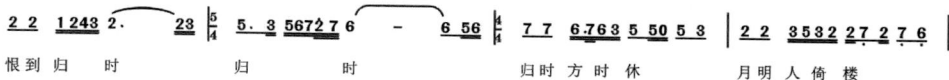

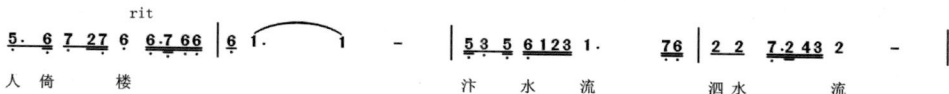

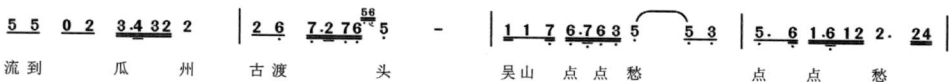

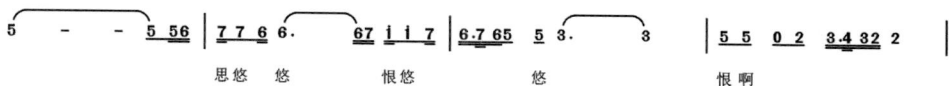

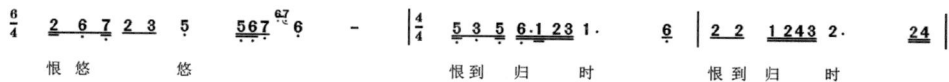

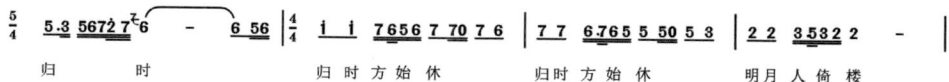

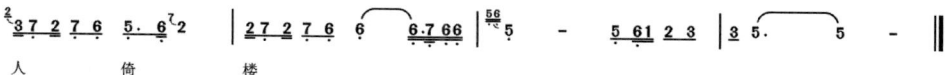

相　聚
（小提琴曲）

作曲：郑锦扬

第三辑　社会评价

一、关于高等教育、艺术教育的评论

郑锦扬教授乐教五十周年座谈会

值此"第二届中国音乐教育史学术研讨会"举办之际，我谨表示热烈祝贺！特别向郑锦扬教授从事音乐和舞蹈教育、乐学研究与音乐美育50周年表示由衷的祝贺和崇高的敬意！

郑锦扬教授早年即投身音乐教育教学实践，在改革开放以来的中国艺术教育发展进程中，他以不负时代、不负艺术的满腔热情勤耕深研，勇于开拓，体现出坚定的文化自觉和强烈的文化使命，成为我国当代卓有成就的音乐研究名家和音乐教育名师。他富有深厚的文化修养，坚持弘扬中华优秀传统文化，对中国传统音乐历史和理论做了系统的研究，提出了许多具有新识、富有创见的理论观点。他坚持谨严治学，长期注重深入生活，开展田野调研，开辟了福建音乐历史研究新的境界，也拓宽了闽台音乐比较研究新的视野，形成了许多填补空白的成果。他热爱艺术教育，在音乐教育上倾注心力，在人才培养、课程培育和教材建设上凡几十年初心不改，桃李芬芳，硕果累累，为福建音乐教育的发展做出了杰出的贡献。

我和郑锦扬教授是当年福建师范大学艺术学科的同窗挚友，他勤勉敬业、孜孜以求的问学精神堪称楷模，他善于思辨、长于论述的研艺风格也自成一家。他在音乐研究上沉潜往复，融会贯通，形成了他集历史、理论、美育等方面综合研究的高迈能力，很有汇通古今中外、建构学术大厦的大家气象。我虽不能隔行谬评，但深为感佩而敬重。

新时代以来，习近平总书记关于文化、文艺、文明和美育的重要讲话精神指引了艺术创作、研究和教育新的方向。音乐艺术是中国文化的重要载体，也是中华文明的重要表现。立足新时代新征程，我们从事艺术研究和教育的同人都要努力赓续传统文脉，坚持守正创新，不断用中国道理总结中国经验，把中国经验上升为中国理论，为建立中国艺术学和发展具有中国特色的艺术教育而做出新的贡献。在此，祝研讨会圆满成功！祝郑锦扬教授思锋长锐、笔力劲健，取得更大的学术成就！

范迪安

2023年9月8日于北京

范迪安（全国政协委员、中央文史馆馆员、中国美术家协会主席、中央美术学院院长）

欣闻第二届中国音乐教育史学术讨论会暨郑锦扬教授乐教50周年座谈会成功召开，晓静感慨万千！

郑锦扬教授曾先后任职于福建师范大学和华侨大学，也是我们山东艺术学院的研究生特聘导师。与郑锦扬教授结识已有20年了，我们既是学术上的同僚，也是生活中的好友，在与他的相处中学到了很多东西。温良的性格、魅力的人格，是他不吝赞美、激情洋溢的情怀底色；宏阔的视野、宽广的眼界，是他学养深厚、学术融通的构成基础；前卫的理念、创新的精神，是他勇于前行、不断探索的行为驱动。他为中国音乐史学研究、为艺术教育事业发展做出了卓越贡献，他以德艺双馨的行为师范，为国家和社会培养了一大批艺术类不同领域的专门人才，在全国高校艺术教育及全国艺术事业发展中，发挥着重要作用！

眼下正值学科专业目录调整关键时期，此次调整是对我国艺术教育制度的进一步改革，是实现新时代中国式教育现代化征程中的重要举措。恰逢其时，中国音乐教育史学术讨论会成功召开，相信各位同人一定会珍惜机会、相互交流、相互启发，开出一个极具成效的学术会议，以此助力中国艺术教育的改革与发展。

在此，谨向郑锦扬教授执教50周年表示诚挚的敬意！祝中国音乐教育史学术研讨会圆满成功！

刘晓静

2023年9月6日于济南

刘晓静（全国人大代表、山东艺术学院副院长、山东省音乐家协会名誉主席、泰山学者特聘教授、博导）

欣闻郑锦扬教授乐教50周年座谈会成功举办，非常高兴，谨致衷心祝贺！郑锦扬教授是华侨大学音乐舞蹈学院首任院长，功劳卓著；他也是我的好朋友，心灵相通。郑教授把一生献给音乐教育事业，可敬可佩可贺可歌！恭祝会议成功并真正探讨中国音乐教育的前景！

华侨大学

吴承业敬启

2023年8月19日

吴承业[华侨大学第五任（1999—2008）校长、党委书记]

郑锦扬教授为福建师大音乐学院、华侨大学音乐舞蹈学院的建设和国家的艺术教育与华侨华人教育做出了重大贡献，取得了丰硕的教学科研成果，培养的艺术人才遍布全国及世界各地，为繁荣发展文化艺术教育事业发挥了重要作用！50年从教一往情深，50年育人桃李芬芳！谨向郑锦扬教授从教50周年表示热烈的祝贺！

郑传芳敬贺

2023年8月21日

郑传芳（原福建省教育工委常务副书记、福建省教育厅副厅长）

中国舞蹈家协会会员郑锦扬博士，在福建师大创办了我国综合性大学第一个舞蹈学本科专业，招收了第一批音乐学（舞蹈音乐）硕士，主编了我国第一本《舞蹈音乐概论》，推动了福州、厦门、泉州高校舞蹈专业的建立与建设。这些工作，对全省舞蹈人才培养、对高校舞蹈教育的提升，乃至全省舞蹈事业的发展，意义深远。值此郑锦扬教授乐教50周年之际，谨向郑锦扬先生致以崇高的敬意，祝贺会议圆满成功。

缪丽容

2023年8月18日

（注：缪丽容系中国舞协理事、福建省文联委员，原福建省舞蹈家协会驻会副主席、秘书长）

贺锦扬兄从教五十载

赵麟斌

半个世纪执教鞭，挥动乐坛半边天。

桃李芬芳在人间，红烛光照却无言。

满腹经纶著词章，文艺诠释出心田。

风云激荡盛世年，祝君高歌再向前。

赵麟斌（闽江学院原副校长、博士生导师）

8月8日下午5点27分，我收到了郑锦扬老师的微信，喜悉将召开第二届中国音乐教育史学术讨论会暨郑锦扬教授乐教五十周年座谈会，甚是高兴。老师之于我，是高山、是灯塔、是骄傲，是一生戒不掉的依恋。

读小学时就认识了郑老师，那已是40多年前的事了。当时他从县城来到我们公社文化站工作。记忆中，那时的郑老师帅气、斯文、有才、和蔼可亲。给那时的乡村故里带来了别样的文化、文艺活力。乡村的男女老少都很喜欢他，都亲切地称呼他"锦扬师"。他教我们唱歌、跳舞，启蒙了我对音乐的爱好，这对日后当医生的我，影响是深远的。我感激！

郑老师为师，师表也。德高、艺精，师生共融，其乐融融。郑老师研究音乐，根植于乡土、根植于人本、根植于生活、根植于时代、根植于历史，建树甚丰，影响巨大，堪称大师。我景仰、我自豪！

我从医快40年了。当医生越久，越深刻感悟到艺术，特别是音乐的美与力量。医学是科学、人文与艺术的统一体。人文素养和艺术修养，无疑会给医生加分，并成为终身的必修课。孩时受郑老师的音乐艺术启蒙，从业后还时常得到郑老师的音乐熏陶和艺术感染，这不仅丰富了我的人生，更厚重了我的职业。我感恩！

最后以一首有感于三年抗疫，我作词的歌《靠谱的兄弟》，权当薄礼，献给敬爱的郑锦扬老师。祝老师永远年轻！永远艺术！祝学术讨论会和座谈会圆满成功！

学生：康德智敬上
2023年9月6日

今年，是我国第39个教师节，也是党的二十大胜利召开后的第一个教师节。值此教师节来临之际，举办"第二届中国音乐教育史学术讨论会"，既是推进中国音乐教育史研究的活动，也是致敬古往今来辛勤耕耘在教坛的乐教先驱、音乐教师们。

习近平主席在中华文化传承与发展座谈会上指出："中国文化源远流长，中华文明博大精深。只有全面深入了解中华文明的历史，才能更有效地推动中华优秀传统文化创造性转化、创新性发展，更有力地推进中国特色社会主义文化建设，建设中华民族现代文明。""如果没有中华五千年文明，哪里有什么中国特色？如果不是中国特色，哪有我们今天这么成功的中国特色社会主义道路？只有立足波澜壮阔的中华五千多年文明史，才能真正理解中国道路的历史必然、文化内涵与独特优势。"在中国式现代化的民族复兴时代，中国音乐教育要走在世界前列，就要更好地传承、发展好中华5000多年文明中的乐教遗产、音乐教育遗产。而深入细致的中国音乐教育史研究，则是全面、准确认识中国音乐教育遗产、经验的基础性工作，也是改革发展现有音乐教育必不可少的学术工作。

千里之行，始于足下。几千年里，中国音乐教育遗产十分丰富：周代的礼乐之邦文化、礼与乐的结合，作为"六经"之一的《乐经》的社会意义，吟诵讴歌等声音艺术与诗经、楚辞、乐府、唐诗、宋词一体发展、相互媲美的景观；从夏商以来的，诗歌舞乐为一体的"乐舞"、汉魏"大曲"、隋唐"燕乐"歌舞大曲，展现了中国表演艺术融诗歌舞乐、华服美饰为一体的艺术之美、表演之美。传统之乐与百余年来的近现当代之乐，有着辉煌的创造和继承发展。这种中华民族独特的音乐、音乐教育遗产，在丰厚的历史之上不断发展积极变革精神，都是中华艺术、文化的宝贵财富。中国音乐教育史研究，就是要把这些历史瑰宝一一挖掘整理出来，分门别类梳理清楚。中国是有广阔领土的大国，因此音乐教育研究，既要注重时间，也要注意空间。要把一个个省、自治区、直辖市的音乐教育历史研究好，才能使历史和国家全境的音乐教育情况清晰地展现出来；只有这样，继承才会有坚实的支撑，未来的音乐教育才会有更好、更充分的中国特色，才能使民族复兴时代的音乐教育与中国式现代化未来更加相适应，并使中国音乐教育稳步地进入世界前列。

祝"第二届中国音乐教育史学术讨论会"圆满成功，向辛勤耕耘学校音乐教育50年，向福建及我国音乐教育、舞蹈教育做出重要工作的郑锦扬教授和其他音乐、艺术教师们致敬。

苏力

2023年9月6日

（苏力系中国音乐家协会理事、福建省音乐家协会主席、厦门大学博士生导师、厦门大学艺术学院原院长）

二、关于史论著述的评论

《艺术·情趣·欣赏》序言

李联明

取名为《艺术·情趣·欣赏》的这本读物，是属于文艺美学的。我作为它的第一个读者，被它的魅力吸引，认定这是一本有益于艺术爱好者的书。它将对人们走向美术、音乐的艺术殿堂，探索审美的奥秘，发挥启蒙和引路的作用。我们的先哲，把人类对于自身及其周围世界的追求，概括为容量丰富、精练准确的真、善、美三个大字。在我看来，"善"是人们对世界的改造，"真"是对周围世界的认识，而当人们对他们所认识和征服的世界，不断进行观照、反思发现并肯定自身的力量和价值，从而产生愉悦与满足之时，就成了"美"。真、善、美犹如武夷山玉女峰的三姐妹，难舍难分。时至今日，当人们对世界的认识和改造，以百倍、千倍于历史的速度前进时，也就是说当"寻真""求善"已跃入一个新的高度，"审美热"的兴起乃势所必然。我们的理论家和艺术家们责无旁贷地应对这股审美热和美学热做出积极的反应。

美学学科内容自然是多类别的。有哲学美学、实用美学、艺术美学，等等，但艺术乃审美之最集中、最强烈的形式，这已为美学界所公认。美学著作的深度也是多层次的，有博大精深的鸿篇巨制，也有循循善诱的入门之作，当然也欢迎某些暂时还使人扑朔迷离的探索性的文字。但从提高全民审美素质的现状出发，我以为当务之急是多向读者提供一批读时有兴味、读后有收获的深入浅出的作品。美学理论应当促进艺术生产，也应当引导艺术消费。从某种意义上说，后者的任务更为繁重也更加紧迫。我以为，这正是本书著作者和出版者意图之所在，当然也是我乐于为之推荐的基本原因。

艺术是以形象鲜明和感情丰富为特色的。美是令人心花怒放的。近年来，人们要求文艺批评本身应具文艺性，同理，人们也企盼美学著作应有美的质素，说白了，就是要写得形象生动，语意亲切。有说服力，又有感染力，既以理服人，又以情动人，这样才有强烈的吸引力。我以为本书作者是注意到这一点的，是深知青年读者心理的。书没有写成从概念到概念的枯燥推演，也没有沦于具体事例的肤浅堆砌。此中既有各类艺术的概括介绍，也有典型范例的精辟剖析；既有一般原理的阐发，也兼顾艺术史的宣叙，间或还有艺术审美的逸闻趣事穿插其间。书稿时而娓娓而谈，如话家常；时而探出索隐，解人疑窦。这种熔哲理、知识与趣味于一炉的写作风格，尽管在各章节之间体现并不十分平衡，但就总体而言，还是做了认真的追求。于是，寓论于知，融论于趣，便成了本书的特点，也是它的一个优点。

范、郑二君都是科班出身的艺术青年。后者正在大学任教，前者目前在首都深造。他们都已经成为我省艺术研究队伍中后起之秀。教学之余，对于我省美术文化和音乐文化均甚关切，并多有助益。我热烈期待他们在艺术理论园地上继续辛勤耕耘，在美学的峰峦间奋力攀登。祝他们俩和我省其他年轻的艺术美学学科一样，日益走向成熟。

是为序。

1987年1月10日

于福建省文化厅

（注：李联明系福建省文化厅原厅长）

东亚音乐研究的重要学术成果

对郑锦扬新著《日本清乐研究》的若干认识

李 颖

东亚，通常指由中国、日本、韩国、朝鲜和蒙古国这五个亚洲东部国家所构成的区域。从面积上看，东亚占据了亚洲的大部分领土。其经济不论在历史上还是在今天都是亚洲最为富强的。就音乐而言，对东亚音乐的研究也应该引起足够的重视。海峡文艺出版社2003年12月出版的郑锦扬教授的新著《日本清乐研究》，就展示了一部东亚音乐研究崭新的、重要的学术成果。在细细拜读了20余万字的全书之后，笔者有很多感想。

关于意义：多有创新的东亚音乐研究的力作

日本清乐是中国清代的音乐传到日本以后形成的艺术品种，这使日本清乐具有了多重成分。日本清乐既保留着中国清代音乐的特征，又吸收了日本音乐乃至部分古琉球王国音乐的一些成分，从而具有新的特征。更为重要的是，这一古老的乐种至今仍在传承。可见，日本清乐不仅是清代中日音乐关系中十分重要的历史见证，而且是日本古代（至少从宝永年间起）至今约300年间日本音乐吸收中国音乐的最大事例。但是，迄今为止，无论日本还是中国的学术界对日本清乐这一珍贵的艺术品种的研究仍很薄弱。郑锦扬教授的《日本清乐研究》，着力于日本清乐的历史、艺术、传播三个重点，是目前中日两国对日本清乐研究篇幅最大的著作，也成为对日本清乐进行全面、系统的专题性研究的第一部著作，具有重要的学术价值。

该书第一章"兴衰"，着力从史料中探究日本清乐的形成与发展历史这一日本清乐研究的基础性问题，提出日本清乐历史具有五个阶段的重要学术见解，从而将日本清乐的发展曲线用"初传""兴盛""遽衰""恢复""微存"五个阶段贯串起来。对清乐传入日本，并逐渐风行于日本，最终由于战争使得发展突然停滞，战后清乐得到微弱的恢复也只是艰难地延续整个历史过程并进行了富有创见的系统整理。第一次清晰地勾勒出日本清乐所特有的五个阶段的发展脉络，并结合政治、经济、文化、国际关系诸多因素分析了导致日本清乐形成与发展、兴与衰、顺利与受挫的深层次历史原因。

第二章"作品"，从体裁角度对日本清乐作品进行分类，主要有歌曲、戏曲、乐曲三种；从数量角度对日本清乐作品中不同体裁、题材的各类曲目加以整理，并总结其特征；对日本清乐作品的音乐结构，音乐与词的关系，旋律、音阶、调式的特点，以及作品的音乐风格等问题进行了探讨。特别值得提出的是对"日本清乐旋律营构之法"等问题做了别具一格的分析与探究，以"叠、变、连、对、插"五个字总结了日本清乐旋律的五类构成技术，是目前所见对中外音乐关系中古代歌曲旋律技术最为具体、系统的研究成果之一。它与对清乐歌曲之乐技术的讨论，构成了可称为日本清乐歌曲作法的重要部分。这对研究古代(中国、外国)歌唱音乐的作曲技术也是很有启迪的。在这一章中，作者还着眼于曲词，对日本清乐作品按题材分类，提出了日本清乐作品中"情爱题材和忠义题材的作品最多"的独特见解，并追寻这种现象的形成原因，以及曲词形式主要有"歌谣、诗词、戏曲唱词三种"，作品具有"俗乐、俗文学"的格调特征等观点。

第三章"传播"，基于"形式""地域""城市"三个角度，分别考察了清乐在日本的传播情况，提出了日本清乐传播的一系列富有创见的学术见解。如日本清乐通过教学、表演及文献三种不同形式的传播；日本清乐的教与学是学汉语、读工尺谱、学唱、学奏乐器相结合的；日本清乐文献是中日合璧的文献，并具有多种形式，其中采用的乐谱是工尺谱。探究了清乐从中国传入日本经由的路线和传播到的城市。其中第一次提出清乐传到日本的城市至少有25个，到达本州岛、九州岛、北海道岛、琉球群岛的重要见解，并绘出日本清乐分布地图，从而对日本清乐的空间分布做出了第一次(也是初步的)地理、地图方面的直观描述。另外，作者也从日本清乐仍保持中国清代音乐的特征、未发生变异和适应日本音乐、发生了变异等不同的作品形态讨论其传播。

从论著的整体框架和基本内容可以看出，作者围绕着日本清乐这一中心，带着音乐学和历史学的双重视角，对日本清乐做了系统、细致的剖析和研究。其中，既有对日本清乐的本体研究，诸如日本清乐的"作品结构""旋律特色""音阶调式""音乐风格"等，又对这一乐种做历史性的梳理，力图较清晰客观地呈现其历史面貌。全书的讨论点面结合，既针对某些问题做精细、深层次的挖掘，例如，对清乐在日本传播之所以兴盛或受阻的各方面原因，日本清乐作品的曲目对中国戏曲作品的吸收，日本清乐文献中的《九连环》与福建调《九连环》的关系，日本清乐作品的旋律展开法，清乐从中国传入日本的路线等问题的探讨，都颇具学术深度，反映了作者深厚的学术功底，特别是对日本清乐《九连环》与福建调《九连环》关系的讨论十分丰富、独具匠心。又能由点及面，依据单个问题辐射开来，把各点贯串成一个整体，并始终在一个整体的框架内谈论各个具体的问题，使对日本清乐的认识能获得一个总体性的把握。同时，正如前文所述日本清乐的特殊性与重要性，使得研究日本清乐的学术意义有了进一步的延伸。《日本清乐研究》作为第一部较全面、系统地研究日本清乐的历史与概貌的学术成果，不仅对日本清乐这一乐种本身的认识具有意义，而且对清代中日两国的古代音乐的特征及研究，对全面认识、充实丰富当时的中国音乐、日本音乐、琉球音乐以及中日音乐关系等诸多课题和学科研究的进展都具有重要的价值和意义。该书涉及了东亚大国中国、日本以及琉球王国的古代音乐，反映了以一个问题牵涉、综合多个国家音乐进行研究的独特视野，是对东亚音乐研究领域的一种开拓与深化，无疑是一部东亚音乐研究的力作。

关于材料：三赴日本采集的珍贵而丰富的文献史料

《日本清乐研究》一书是建立在占有大量相关文献的基础上进行的，论述广征博引，资料翔实丰富，尤为重要的是，其中有相当部分是作者新发掘的日文史料。对外国音乐的研究，缺乏第一手资料是一大困难。作者为了更好地撰写论著，三赴日本，努力搜寻与论题相关的文字、曲谱等原始的日文史料，并亲自加以译解，为充分的论证奠定了扎实的文献基础，也使文章的论述更具有说服力和可信度。据笔者统计，作者在此书中所翻译的28条清乐史料，涉及13种日文文献，体现了作者追求第一手材料和追求外文史料翻译准确性的态度。

此书应用的材料十分丰富，并且有许多是此前国内未见或者鲜见的。这也使作者得以用不同来源、多个出处的材料来佐证同一个问题，努力使结论都做到有据可依，从中表现出的作者严谨的学术态度是值得注重与学习的，这一点从该论著的行文中可见一斑。例如，"所以目前似可以认为：日本清乐《九连环》是清代福建调《九连环》的东传。至于是闽人亲传在先，还是文献传入在前，都有待进一步研究"。虽然只有短短几句话，却不难看出作者力求论证的严密与结论的审慎态度。

关于思维：突出地使用定量分析与乐史系统分析等方法

作者在该书的论证中大量使用了统计学的方法，全书的结构表、曲目表等各类统计表就有34种之多，如"绘画图中的日本清乐演奏情况统计表"，对部分日本古代文献刊载的清乐演奏图中的演奏人数、乐器件数、乐器种数以及乐器名称加以统计，从而提出日本清乐演奏的艺术形式、人数组合、乐器使用等方面的特点。"十个清代戏曲曲牌被日文文献收录情况表"是通过统计《西皮调》《平板调》《二凡调》等十个清代戏曲曲牌被日本古代文献收录、出版的时间段和文献种类数，从一个侧面认识了清代戏曲在日本的传播以及"中国清代戏曲(剧目、曲牌)传入日本，成为日本清乐曲目的时间应不少于140年"的情况。"两本清乐谱集所用音阶情况表"和"两本清乐谱集所用调式情况表"对《洋峨乐谱·坤》与《声光词谱》这两本清乐谱集中所使用的不同的音阶和调式的数量分别进行了仔细的统计，计算各自所占的比例，并由此得出"日本清乐中，五声音阶不仅使用的频度最高，而且是其他音阶总和的三倍多""使用最多的调式是徵调式，其次是商调式，宫调式居第三……"等富有新意的结论。

统计法的应用，以统计表的形式对问题加以归纳、提炼，并在此基础上做定量分析，是《日本清乐研究》一书十分突出的论证特色。定量分析有助于更加直观、明晰地认识所讨论的对象，展现了作者力求实证与追求科学结论的学术思维和扎实的论证方法，从而使这部学术专著成为当代中国音乐史专题学术著作中最重视计量史学方法的著作之一，甚至说其是当代中国计量音乐史学的一部代表作也不为过。

从多个角度、多个层次对一个问题展开讨论，在这部专著中也表现得十分明显。例如，从中日两国关系，原生国弱变，日本国势欧化、洋乐盛行，以西乐为中心的国民教育的兴起以及和乐的改革发展等方面探究清乐在日本的传播遭遇逆境的原因就是一例。

多学科交叉的研究方法是这本著作的又一特点。作者既注重音乐学、历史学方法，也采用社会学、地理学、图像学等学科手段。书中所使用的各种图例(其中既有从相关文献中节录的，也有作者自己绘制的)共达24幅。"日本清乐分布图"在地图上标注出日本清乐传播的城市，是地理、地图方法在该书的具体运用；而"绘画图中的日本清乐演奏情况统计表"则是此书运用图像进行研究的范例。

关于表达：富于逻辑而辞采动人的乐史文学

这本著作还有一个引人注目的地方，就是作者凝练、优美、流畅的文字，从中展示了作者思维的灵动、表述的考究、文采的丰富，使乐史研究成果成为令人赏心悦目的美的学术成果。这也是作者追求"以美文表达美的研究（过程）、美的成果（结果）主张的一种体现"。书中颇多精彩之笔，使人回味有加，这不仅从论著独具特色的简短标题中可见一斑，还具体表现为以下两个方面。

其一，锤炼思想与表达，使论文的文辞不仅富于逻辑、简洁、明确，而且神思异彩融会其中，这是学术论著写作所应追求的。如书中在对清乐名歌《九连环》与福建调《九连环》的关系做了万余言的讨论后，将福建调《九连环》、日本清乐《九连环》和江浙《九连环》的不同归纳为：

> 福建调《九连环》与江浙《九连环》的不同主要在于：前者是一个曲调唱多段词（五更：五段，或二段、三段），后者是多个曲调多首歌或多个曲牌连缀而成。福建调《九连环》、日本清乐《九连环》与江浙《九连环》之不同还在于名称来源的不同。前者出自歌词。九连环为歌词中事关重要的赠物之名，故以物名名歌；后者出自歌乐。九连环为歌乐结构之法，即以多个曲调或曲牌连环相接，故以接法名歌。如此，则二类《九连环》之名还有第三项不同，即"九连环"一词的词源与词汇性质的不同。福建调《九连环》和日本清乐《九连环》之名的来源为玩器之名，其词汇性质为名词。江浙"九连环"一词的来源为不同曲调的接续之法，其词汇性质为形容词。歌曲连接本非环接，以环形容其接；歌曲之数并不达九，以九形容其多。这就是江浙歌曲"九连环"一词的由来。

作者在这段文字中，突出地使用了对句的句式以强化对比的色彩，十分富有逻辑性。对三处"不同"的叙述环环相扣，令人有层层递进之感。

其二，在严密的论证中，融入中国诗文的诸多形式，展示了乐史著作的多样文采。如谈到闽浙、江浙的歌曲关系时所写："吴越近邻，江浙之歌互为传唱的可能性很大；闽浙相依，福建之调传往浙江也有可能。"

而讨论日本清乐作品中情爱题材较多时，则有多种句式入情入理与生动的描述："清初以来，华人去日本都是渡船而去，寻风转帆，颠簸数日，以至更长。所以，跨海去日的人大多是身强力壮的男性。如抛弃妻子的思念、异国滞留的寂寞、对情爱与异性的渴望，等等，在唐人屋铺（元禄二年长崎市中设唐人屋铺，唐人在日本滞留期间被限制在唐人屋铺）的华人中是十分强烈的。思之不得辗转反侧，寄情于歌声，这是唐人屋铺情爱歌曲和清乐繁盛的一个原因。"

清乐作品中，许多情歌艳曲的曲词所表达的对异性的思恋、对情爱的渴望、对交欢的遐想，是与这个异国华人群体的生活、情感、意识、愿望相通的。这些语言虽然出自清乐作品，却如同出自他们的心口。他们在选择了这些作品、在使这些作品有广泛传播的同时，在选择、欣赏、传播的过程中表达乃至宣泄了自己的情感与意识。或者也可以认为，这些作品所歌所唱也成为他们生活与内心的一种表白、一种代言、一种艺术的表露。

根据内容表达的需要，运用多种叙述手法，赋予词句诗文般的动人辞采，在强烈的文字感染力的氛围中进行严密的论证，这和作者具有深厚的文字功底是分不开的。

郑锦扬教授是中国音乐史学方向的博士生导师。他的这部新作《日本清乐研究》却是外国——日本音乐（当然也是日中音乐关系）研究专著，体现了其以新的视野和对外国音乐研究、中国音乐（尤其是古代音乐）研究所做的多方面的努力。

原载武汉音乐学院学报《黄钟》2006年第1期

艺术理论课程的新音

评郑锦扬主编《艺术概论》

陈凯丽

一、前言

由郑锦扬主编，高等教育出版社出版的《艺术概论》（2007年8月第二版）一书，为艺术院校和普通高校艺术专业基础课之一的《艺术概论》教材的选择带来了新音。首先该书在每章内容编写中，循序渐进、深入浅出，对本科层次的学生掌握这门较为枯燥的纯理论课程具有很好的导向作用；其次该书作为著作，其体例编排趋于合理化，用二分法把艺术原理和艺术门类分别作为上下篇讲述，更加适合作为教材使用；最后还应提到该书及时地将对现代社会有影响的新型艺术形式反映出来。全书由上下两篇构成，上篇艺术原理设六章，分别是艺术起源与发展、艺术本质与特征、艺术与环境、艺术的功能与作用、艺术创作与作品、艺术鉴赏与评论；下篇艺术门类设六章，分别是音乐、美术、舞蹈、戏剧、电影电视与网络艺术、文学。全书条理清晰，在艺术原理中透视各种门类艺术现象，在多种艺术门类中揭示艺术原理，无论是章节内容设置的合理性与必要性，还是每章具体内容的表述，都不失为一本好的教材。

二、综合评析

（一）该书的二分法结构编排应该说是这本书的首要特色。把艺术原理与艺术门类分开讨论，其优点是逻辑性较强，层次分明。对于初接触高等教育的本科低年级学生来说，无疑为更好地理解内容带来了便捷。上篇艺术原理，有关艺术原理诸多问题的探讨，给学生展现出一个宏观的艺术世界。每一章都是了解艺术的基本原理，从艺术的全貌来认识艺术现象，包括艺术现象发生的起点，艺术发展的规律，艺术的本质问题，艺术本身的特征，艺术与社会、与环境的关系，艺术的功用，艺术创作及作品，艺术的评鉴，都是认识与研究艺术基本原理不可缺少的重要内容。

（二）内容关注艺术理论发展前沿。现代社会普遍提倡一个口号，即人与世界的和谐发展，艺术与世界的和谐共处、相互促进也是当前社会学术界、艺术界关注的一个重要问题。同时，人与世界和谐相处也是人类的一个美好理想。本教材第三章内容是在第一版（专科版）的基础上增补的新内容，笔者翻阅多种艺术概论教材，发现几乎没有一个版本关注到这个问题，即艺术与环境的问题，这其中不仅涉及艺术与社会环境的关系，还有艺术与人文环境的关系，这些都充分表现出本书对本学科学术理论前沿问题的关注和所做出的努力。除此之外，人类正在走入新的时代，科技的快速发展正在带来日新月异的变化，随之而来的还有艺术领域的更新、扩展与补充，本书还对新型的艺术门类——网络艺术进行了专门的讨论，使得本书具有前瞻性，从而与艺术理论的前端研究与更新始终保持一致性。再有，下篇艺术门类的加入也是本书的一个亮点，在了解到许多与艺术现象相关的基本原理之后，对各个艺术门类的基本知识点的认识也是非常必要的，这一部分内容正好弥补了这一缺失。除了新内容的加入外，本书还对其他《艺术概论》教材已有内容进行了增补和完善。如"艺术的特征"一节中，在谈到艺术的几个特征时，还增加了艺术特征本身的特点以及这些特征的代表性，这种解析方式更深入浅出，对枯燥的理论知识进行了很充分的说明。在"艺术功用"一章中，将艺术的功用分为主要功用和其他功用，逻辑性很强，条理清晰，作为教材使用时，适合学生对知识的理解和接受。

（三）多个作者合著，均为各个门类领域的行家。因这本教材新增了艺术门类一篇，各个艺术门类的编写是决定着整书特色体现的部分。艺术门类一篇共有六章内容，即音乐、美术、舞蹈、戏剧、电影电视及网络艺术、文学，在编写中相应地选择了各个门类艺术专业的博士为作者。古语云："术业有专攻。"只有术业有专攻的作者才能在编写中更好地将所在学科的专业知识更好地展示出来，也能更好地瞻顾到其专业的学科学术前沿问题。此外，这些博士均有本科生、研究生教学的经历，这就为他们在具体编写过程中考虑到学生的实际应用提供了便利，如怎样使得内容编排深入浅出，适合本科生的思维和接受能力等，从而使得本教材更加贴合实际需要，适用于本科阶段的教学。

（四）各种艺术教育需要一本条理清晰的艺术理论教材。近年来艺术类教育可谓是取得了长足的发展，无论是每年各类高等学校艺术类招生，还是各种艺术培训行业，人数之多是前所未有的，应该说这是一个很好的现象，艺术能力的培养对于小到个人，大到整个民族都是一种精神文化的提高，因为艺术始终都伴随着民族文化的发展过程。在艺术教育中，各个门类艺术都只是涉及自身专业技能的培养和提高，而轻视了每个门类艺术的整体性，这个整体性，就是艺术大类的知识系统，即艺术原理问题。如果认不清艺术原理的相关问题，学习门类艺术就无法从人类漫长的历史和与世界同步的宏观视野去观察和体会艺术，只有通过艺术这一人类最为特殊的文化子系统的本身出发，探究其全貌，才能在相应的门类艺术学习中，把握根本方向，使得艺术理论与实践互相激励，共同进步。《艺术概论》作为一门高等艺术教育所有门类艺术学科必修的专业基础课程，也是各个门类艺术的学生用艺术原理问题引导类型艺术实践问题的重要课程之一，为这门课程编写一本适用的教材就显得尤为重要和紧急，这本教材的出版可以说为艺术理论课程带来了福音。

（五）市场效应对于任何一本新著教材来说，想要得出结论好坏与否，一定要经历实践的考验，就是教材推广应用后师生的反应，对于一本新教材来说更是如此。该教材从2007年再版以后，取得了很好的征订量，师生普遍反映良好。

发表于《人民音乐》2010年第9期

第四辑　附录

作品目录

一、史论著述

[1]《音乐史学美学论稿（上、下）》（海峡文艺出版社1993年版）。

[2]《日本清乐研究》（海峡文艺出版社2003年版）。

[3]担任副主编、合著《高师音乐教育学》（福建人民出版社1996年版）、《中国音乐文物大系·福建卷》（郑国珍、王清雷主编，郑锦扬副主编，大象出版社2011年版）等。

[4]主编与合著《舞蹈音乐概论》（西南师大出版社2008年版）。

[5]主编与合著"十一五"国家级规划教材、教育部体育卫生与艺术教育司组编、高等院校艺术类专业教材《艺术概论（第2版）》（高等教育出版社2007年版）、《艺术概论（第3版）》（高等教育出版社2014年版）。

[6]合著《艺术·情趣·欣赏》（范迪安、郑锦扬著，福建人民出版社1987年版）、《中国音乐通史简编》（山东教育出版社1993年版）、《歌曲写作基础》（高等教育出版社2001年版）等书多种。

二、专业论文

[1]试论《二泉映月》的曲式结构[J].福建师大学报（哲学社会科学版），1982，（03）:68-74.

[2]瞿秋白与音乐[J].人民音乐，1985，（08）:56.

[3]冼星海离开杜卡班的时间及其他[J].人民音乐，1986，（03）:42-44.

[4]《中外名曲欣赏》[J].人民音乐，1986，（12）:40.

[5]福建省首次"音乐美学讨论会"在福州举行[J].人民音乐，1987，（11）:28.

[6]无声——白居易一个重要的音乐范畴观[J].人民音乐，1988，（03）:32-33.

[7]中国音乐史学的第三个阶段[J].音乐研究，1988，（03）：14-23.

[8]论乐中之静[J].中国音乐学，1988，（03）：57-64.

[9]中国古代音乐作品意象的理论与实践[J].福建师范大学学报（哲学社会科学版），1989，（01）：95-100.

[10]用系统的观点认识音乐史学方法论[J].中国音乐学，1989，（02）：83-84.

[11]中国音乐史的宏观时空视野[J].中国音乐，1990，（01）：37-39.

[12]一轮乡月无限遐想——《乡月三阕》及其作者漫议[J].音乐爱好者，1990，（02）：32-33.

[13]中国古代的作曲意象论[J].福建师范大学学报（哲学社会科学版），1990，（02）：129-132+139.

[14]"中国音乐史学40年"——三题[J].艺圃（吉林艺术学院学报），1991，（01）：24-31+95.

[15]为着中国人民的解放——为星海逝世45周年而作[J].人民音乐，1991，（06）：2-5.

[16]先秦中国音乐史学的历史进程（下）[J].交响.西安音乐学院学报，1991，（04）：12-15.

[17]中国音乐史学的起源与早期面貌[J].黄钟.武汉音乐学院学报，1992，（01）：4-10.

[18]延安音乐的历史贡献[J].音乐研究，1992，（02）：19-27.

[19]中国古代音乐意象论的历史轨迹与理论特色[J].艺圃.吉林艺术学院学报，1992，（Z1）：44-49.

[20]朱熹音乐思想论稿[J].中国音乐学，1992，（03）：93-101.

[21]中国音乐通史著述一瞥——读《中国古代音乐史简述》[J].音乐艺术，1992，（03）：74-76.

[22]传统与现代的交响——写在《交响》创刊十周年之际[J].交响.西安音乐学院学报，1992，（03）：101-102.

[23]中国古代的听乐意象[J].福建师范大学学报（哲学社会科学版），1992，（04）：122-126.

[24]朱长文《琴史》初探（上）[J].交响.西安音乐学院学报，1993，（02）：18-21.

[25]《宋书》乐志、律志的音乐史学研究[J].黄钟.武汉音乐学院学报，1993，(03):27-34.

[26]从三本《中国音乐史》管窥:二三十年代中日学者的中国音乐史视野[J].中国音乐，1998，(02):19-20.

[27]李泯，美国、加拿大音乐教育考察报告[J].中国音乐教育，2000，(05):27-30.

[28]世纪回眸乐教百年[J].福建艺术，2001，(01):9-11.

[29]中国当代歌剧音乐发展的四个阶段[J].福建教育学院学报，2001，(02):59-60.

[30]新中国的声音代表:《义勇军进行曲》[J].福建艺术，2001，(04):7-8.

[31]世纪初高师音乐教育的三项改革[J].福州师专学报，2001，(04):73-76.

[32]弦管"指谱"初论——关于记谱体系问题[J].福建师范大学学报(哲学社会科学版)，2001，(04):137-141+149.

[33]日本"清乐"研究[D].福建师范大学，2002.

[34]时代的呼唤:把舞蹈课列入学校教育[J].舞蹈，2002，(08):36-37.

[35]世界视野与时俱进——中国音乐史学会第七届年会综述[J].音乐研究，2002，(03):94-95.

[36]《洋峨乐谱·坤》所载《漳州曲》初探[J].音乐艺术(上海音乐学院学报)，2003，(02):65-69+5.

[37]《音乐家储师竹》与乐史人物研究[J].人民音乐，2003，(06):58-59.

[38]日本"清乐"兴衰初析(上)[J].乐府新声(沈阳音乐学院学报)，2003，(02):32-36.

[39]日本"清乐"兴衰初析(下)[J].乐府新声(沈阳音乐学院学报)，2003，(03):26-31.

[40]日本"清乐"兴衰再探[J].音乐探索(四川音乐学院学报)，2003，(04):34-42.

[41]文化产业:海峡西岸经济区的新支柱[J].发展研究,2004,(08):72-73.

[42]关于八类中国音乐的历史学问——从结构、载体方面的思考[J].人民音乐,2004,(12):52-53+60.

[43]周代乐学:中国古代乐学的第一个高潮[J].黄钟.武汉音乐学院学报,2005,(01):96-102.

[44]乐声:中国音乐的一种历史[J].艺术百家,2009,25(03):73-80+116.

[45]汉唐乐学:中国古代乐学的大发展时代[C]//西安音乐学院(Xi'an Conservatory Music).汉唐音乐史首届国际研讨会论文集.华侨大学;华侨大学音乐舞蹈学院;中国音乐史学会;福建省音乐家协会,2009:1.

[46]瞩目海洋:关于海洋音乐研究的几点思考[J].星海音乐学院学报,2011,(02):27-29.

[47]20世纪文化视野中的江文也[J].音乐探索,2015,(01):3-17.

[48]太空影像乐思录——天宫一号和神舟九号组合体涉乐图像研究[J].艺术百家,2016,(02):78-84.

[49]中国音乐理论建设的重大学术成果——读江明惇《中国民间音乐概论》[J].艺术百家,2017,(04):249-251.

[50]中国音乐史学史在新时期的四项学术进展[J].中国音乐,2018,(05):29-44.

[51]中国音乐史学发展的四种重要视野[J].中国音乐,2019,(04):67-78.

[52]一张旧照片两个史学会——"高师中国音乐史教学座谈会"、高师"中国音乐史学会"与"两会合并"忆记[J].齐鲁艺苑,2020,(03):4-13.

[53]一个梦想三点思考:新时代中国歌剧、音乐戏剧发展的创新与超越[J].音乐探索,2020,(03):60-71.

流金岁月

▲ 与原菲律宾外交部副部长、驻华大使（左1）、菲律宾宿务大学校长（左3）、菲律宾宿务大学副校长合影

▲ 2007年9月，在北京与国际音乐理事会主席理查德·莱茨合影

▲ 和伦敦大学金斯密学院来访院长在会议室合影

▲ 与第5任中国音协主席叶小刚教授合影

▲ 和原总政歌舞团团长印青合影

▲ 在北京，与著名作曲家、中央音乐学院杜鸣心教授合影

▲ 2006年8月24日人民大学，在清史国际会议期间与中国史学会会长、清史主编戴逸交谈

▲ 再访菲律宾时，访问菲律宾华教中心

▲ 与中国音乐学院院长、北京市文联主席金铁霖教授合影

▲ 在重庆中国音乐史学会议期间，考察大足石刻，与中国音协副主席、上海交响乐团团长瞿维合影

▲ 参加首届中非音乐学术会议，与非洲音乐家合影

▲ 与香港作曲家联会主席陈永华在北京合影

▲ 2010年11月4日，在厦门主持首届中英音乐关系国际学术讨论会开幕式

▲ 2024年9月，在兰州城市学院讲座，并接受甘肃省民间音乐研究中心特邀研究员聘书

大事年表

1955 年	出生于永春县花石村。
1958 年 9 月— 1962 年 6 月 （3—7 岁）	就读永春县实验幼儿园小班、中班、大班。
1962 年 9 月— 1968 年 6 月 （7—13 岁）	就读永春县桃城小学。
1968 年 9 月— 1970 年 6 月 （13—15 岁）	就读永春县城关中学初级中学。
1970 年 9 月— 1973 年 6 月 （15—18 岁）	就读永春县城关中学高中。
1973 年 9 月— 1977 年 3 月 （18—22 岁）	响应国家号召，上山下乡当"知青"。在永春县玉斗公社中心小学任民办教师 2 年，借调到玉斗公社革命委员会担任文化站管理员 2 年。
1977 年 3 月— 1979 年 12 月 （22—24 岁）	就读福建师范大学艺术系音乐专业，经下乡插队单位玉斗大队及其第五生产队推荐、考试（书面考试、学校面试）。大学毕业留校后，担任福建师范大学教师。

1980 年（25 岁）	任助教，兼任福建师范大学艺术系音乐系秘书。
1981 年（26 岁）	给福建师大各系学生开设公共艺术课《音乐与乐理》，给中文系三年级学生讲授《音乐欣赏》课（1979级）。
1982 年（27 岁）	《试论〈二泉映月〉的曲式结构》在《福建师范大学学报》发表（《音乐舞蹈研究》1982 年 10 月全文转载）；同年，在福建省美学研究会举行的漳州会议上发表《论音乐的本质与音乐形象》。
1983 年（28 岁）	首次给音乐专业本科生讲授《中国音乐史》课（1981级），内容为远古至当代的中国音乐通史。此后，给本科生讲授《民族民间音乐》课。
1984 年（29 岁）	7 月，参加在兰州举行的"教育部高等师范院校中国音乐史教学研讨会"和会间的丝绸之路古乐考察。此间，被推选为"中国音乐史会"，即"全国高师院校中国音乐史学会"理事。
1985 年（30 岁）	7 月，编著《中国音乐史学习参考资料》（全国高等师范院校中国音乐史学会、福建师大音乐系印制）作为全国高等师范院校中国音乐史学会的署名书册，在高师院校及音乐艺术院校内部使用。
1987 年（32 岁）	5 月，与同学范迪安合著《艺术·情趣·欣赏》由福建人民出版社出版，并获得首届福建省社会科学优秀成果奖（福建省政府颁发）。7 月，在

福建师大发起组织召开了"福建省首次音乐美学讨论会"，由福建师范大学音乐系、福建省艺术研究所、中国音协福建分会理论委员会联合举办。8月，在中国音乐史学会第二届全国会议发表"中国音乐史学史"领域长文《中国音乐史学的三个阶段——中国音乐史学史初探》，其中《中国音乐史学的第三个阶段》在《音乐研究》发表（中国人民大学《音乐舞蹈研究》1988年10月全文转载），并获得福建省社会科学优秀成果奖。所指导的学生论文《朱熹乐论研讨》在"首届全国大学生中国音乐史论文评选"中获得本科生组二等奖。

1987年8月— 1990年3月 （32—35岁）	任福建师大讲师，音乐系教研室副主任、主任，教工党支部书记。1989年1月，在《福建师范大学学报》发表《中国古代音乐作品意象的理论与实践》（《音乐舞蹈研究》1989年8月全文转载）。此后，陆续发表多篇音乐意象研究论文。计有《中国古代的作曲意象论》（《福建师范大学学报》1990年7月）、《中国古代的听乐意象》（《福建师范大学学报》1992年1月，《音乐舞蹈研究》1992年12月全文转载）、《中国古代音乐意象论的历史轨迹与理论特色》（吉林艺术学院学报《艺圃》1992年12月）等四篇。1990年1月，发表《中国音乐史的宏观时空视野》（《中国音乐》1990年1月，《音乐舞蹈研究》1990年1月全文转载，《高等学校文科学报文摘》1990年4月摘转）
1990年3月— 1994年9月 （35—39岁）	任福建师大副教授，音乐系主任助理、副系主任（副处级），音乐系党总支代书记（1993）。1993年2月出版《音乐史学美学论稿（上、下）》（约50万字，

海峡文艺出版社）。这是郑锦扬出版的第一部论文集。1993 年 10 月，被授予"福建省优秀教师"称号，并授予"优秀人民教师奖章"。

<table>
<tr><td>1994 年 9 月—
2003 年 1 月
（39—48 岁）</td><td>担任福建师大教授、中共福建师大音乐系党总支书记（1994）、系主任（1995），福建师大音乐研究所所长（1995）。入选福建省首批"百千万人才工程"；1995 年 7 月，被中共福建省委授予"优秀共产党员"称号；1995 年 12 月，被福建省教委授予"福建省属普通高等学校优秀中青年教师"称号。获得"郑信顺夫人博士研究生奖学金（1998）、"蔡棠棣音乐奖金"等。2000 年 10 月，在太原举行的"第 6 届中国音乐史学会年会"上被推选为中国音乐史学会副会长。2000 年 12 月，被评为全国学校艺术教育工作先进个人，教育部授予奖章。</td></tr>
<tr><td>2003 年 1 月—
2006 年 8 月
（48—51 岁）</td><td>担任福建师大教授、博导、教育部社会科学重点研究基地福建师大闽台区域研究中心副主任、福建师大音乐研究所所长。同年出版《日本清乐研究》（海峡文艺出版社2003年版），获福建省社会科学优秀成果奖。2004年12月在《人民音乐》发表《中国音乐史学的八种学问》（中国社会科学院《中国学术年鉴》2006年全文转载）。2006年，在第四届"全国高校学生中国音乐史论文评选"中，学生陈俊玲的论文《明清演唱理论的初步研究》、徐羽中研究中国唱片史的论文《20世纪上半叶中国唱片初探》、王伽娜副教授研究中国古</td></tr>
</table>

代城市音乐史论文《元大都音乐的初步研究》，均获硕士组一等奖。

2006 年 8 月— 2008 年 9 月 （51—53 岁）	任福建师大教授、博导、福建师大音乐研究所所长。2006 年 8 月，郑锦扬担任华侨大学特聘教授、华侨大学音乐舞蹈学院筹备组第一副组长（2007 年 1 月）、受聘为华侨大学音乐舞蹈学院首任院长（2007 年 7 月）。2006 年秋，应华大领导之邀，考察华侨大学艺术系、艺术学科，并建议华侨大学增设舞蹈学本科专业；2007 年 8 月，主编的"十一五"国家级教材、教育部组编的艺术专业课教材《艺术概论（第二版）》由高等教育出版社在京出版，并被清华大学等多所高校用作研究生考试指定阅读书目；该书获得华侨大学优秀教材资助。
2008—2012 年 （53—57 岁）	担任华侨大学教授，被任命为华侨大学音乐舞蹈学院院长。其间，应邀担任厦门大学研究生导师，并指导音乐学研究生（2008）；同年，出版《舞蹈音乐概论》（西南师范大学出版社 2008 年版）。2009 年，应邀到青岛大学讲学，并担任青岛大学客座教授、研究生导师。同年 12 月，发起并在厦门操办、参与支持了首届"李焕之学术讨论会"。2010 年 12 月，发起和参与主持了在厦门集美举行的"第十一届中国音乐史学会年会"。
2012—2015年 （57—60 岁）	担任华侨大学教授、艺术学研究所所长。2012 年 9 月，在中国音乐史学会第十二届年会（沈阳音乐学院）上发表《中国太空音乐史》长文。此后发表

了《太空影像乐思录——天宫一号和神舟九号组合体涉乐图像研究》（中文核心刊物《艺术百家》2015年8月）；在多所高校演讲《月空初乐——中国音乐史的太空新篇》。2013年10月，应邀参加在杭州举行的"第一届中国音乐图像学会年会"，并做大会发言。此间，被聘为中国音乐图像学会顾问。2014年开始应邀担任山东艺术学院研究生导师。

2015—2023 年 （60—68 岁）	指导山东艺术学院研究生音乐学中国古代音乐史论专业研究生（2017级、2020级各1位，2021级、2023级各3位）。2020—2022年，为该校研究生开设《诗词艺术》《中国诗乐史》课。这两门网课也是开放课程，京、沪、苏、闽、桂等数省、自治区、直辖市高校教师、学生进入听课。2014年7月，主编的"十一五"国家级教材、教育部组编的艺术专业课教材《艺术概论（第三版）》，由高等教育出版社在京出版。2014年2月，发起并主持了在厦门举行的我国首次"海洋音乐学术讨论会"，并发表了《以宽广的视野，促进海洋音乐研究的发展——再论海洋音乐研究》。这是其《瞩目海洋：关于海洋音乐研究的几点思考》（《星海音乐学院学报》2011年第2期）的姐妹篇，被推举为"海洋音乐研究会"首任会长。2017年3月，到广西艺术学院（人文学院）、舞蹈学院讲学，受聘为广西艺术学院客座教授。2021年秋，在山东艺术学院举办首次"小荷诗会"，2023年春，编辑山东艺术学院首部诗词歌

赋集《小荷集——诗词歌赋 330 首》（由郑艳丽、李学章、张英丽合著，每人 110 首），该集是全国高校（文学专业之外）硕士生诗词歌赋专集，2022 年，担任华侨大学研究生"中国音乐教育史"全程教学工作。2022—2023 年，主编《中国音乐教育史》研究生教材，并相继主持召开第一、第二、第三次"中国音乐教育史研究生教材编写会"。发起并参与主持在漳州闽南师大举行的"中国音乐教育史学术讨论会暨《中国音乐教育史》教材编写会"，被推举为"中国音乐教育史学会（筹）"会长。